U0029384

日本家庭社會學權威
山田昌弘
許郁文——譯

從家庭、教育、工作、地域到消費的
後疫情社會學讀本

前言

新冠疫情造成了不可逆的變化

直到本書撰寫的此刻，在全球大流行、讓全世界陷入混亂的新冠疫情尚未完全平息。

新冠病毒不僅威脅民眾的健康，也對公司、家庭、學校、大眾運輸、娛樂活動、餐廳這類人潮聚集的場所造成了莫大的影響。

我服務的大學在疫情爆發前後完全變了樣。疫情期間，上課的方式幾乎都改成遠距教學，校園裡也幾乎看不到學生的身影。為了避免群聚，除了人數較少的講座或是理科的實驗課程之外，校方都盡量減少面對面授課——到底要多久才能恢復原貌，當時實在難以估算。

一群人聚在一起彼此交流的場域稱為社會，但疫情肆虐下，卻不允許人們相聚，面對面的溝通也遭到禁止，我因此感覺新冠疫情改變了社會整體的樣貌與本質，相信不少人也有相同的感受。

儘管醫療從業人員及政府機關傾全國之力阻止疫情蔓延，但新冠疫情不僅直接影響了國民的健康，也間接對日本這個國家的「型態」造成不可逆的傷害。

我長年以來從家庭社會學的觀點研究日本人的家庭（婚姻、戀愛）與性別議題，也從「金錢」與「愛情」兩個領域探討日本年輕人的變化，稱長大成人、從學校畢業後維持單身，並長期與父母同住的人為「單身寄生族」，更將這個愈來愈難結婚的時代所衍生的社會現象稱為「婚活」[1]。

長期探討日本的家庭與生活後，我發現日本社會有兩個隱性的問題因為新冠疫情而浮上了檯面——**一個是看似被掩蓋，實則擺在眼**

譯註

1　婚活：類似相親，指物色另一半的活動。

前、人們卻不願正視的「格差」[2]，另一個便是所有國民普遍產生的「再也無法回到過往社會」的預感。

階層社會化的不安

距離日本媒體開始使用「格差社會」一詞，至今已經過了十五年左右。在多數情況下，這個詞是用在探討經濟問題的時候，但日本社會的「格差」不只發生在經濟層面，實際上，「家庭」、「工作」與「教育」這些建構社會基礎的元素，也都看得到「格差」現象。我曾經用過「希望格差」這個詞談論日本社會，但其實每個人的意識與態度這類心理層面也都有所謂的「格差」。

造成社會上的格差根深柢固的變化，如今因為新冠疫情而加速，

2 格差：指階級差異或程度上的落差。

也在日本社會惶惶不安的氛圍中變得更加顯著。

本書將從社會學的五個觀點剖析因新冠疫情而加速變化的日本社會格差。雖然僅憑一己之力或許難以力挽狂瀾、無法阻止格差愈見惡化的洪流，但如果能知道這股洪流正往哪個方向去，或是知道在這場土石流中能稍作休息的陸地在哪裡，存活的機率就會大幅提升。

根據世界衛生組織（ＷＨＯ）的說法，百年前在全世界造成大流行的西班牙流感曾導致全球百分之二十五到三十的人口感染，推估有一千七百萬人到一億人因而死亡，儘管這項數據目前尚無定論，但造成三十九萬名日本人死亡的這場流感僅三年就平息，而且長期來看，全球經濟還是持續成長。

儘管不知道這次的新冠疫情何時才會完全平息，但這些總有一天會過去，我們遲早會回到不需擔心被感染的生活。

然而，這樣的社會還是疫情爆發之前的社會嗎？

肯定不是吧。

就算整個社會的型態因為新冠疫情這股洪流而出現不可逆的變化，我也由衷希望本書能盡可能成為人們手中的「航海圖」，以及未來規劃生活時得以參照的路標。

目次

第三章　工作格差　中產階級加速崩壞

第四章　地域格差　地域再造的生命線

第一章

家庭格差

戰後型家庭的極限

疫情的衝擊力道比震災更強

若問在新冠疫情之前日本曾遭遇哪些重大災害，應該不少人會提到一九九五年的阪神淡路大地震、二〇一一年的三一一大地震及其衍生的福島第一核電廠事故吧？這些災害都非常嚴重，不但導致許多人受災，也重創了日本的經濟。

但從對整體社會的未來會產生多少影響的角度來看，這兩次震災都遠遠無法與二〇二〇年爆發的新冠疫情相提並論。阪神淡路大地震造成了約六千人死亡，且直到現在，神戶市仍留有當時的傷痕與陰影，關東乃至關西地區以外的居民則幾乎未受到任何影響，生活依舊如故。

就連造成兩萬多人死傷、至今仍有超過四萬人因為核災而有家歸不得的三一一大地震，也並未殃及日本全國國土。雖然東京有些人因為這場地震而暫時回不了家，還因此分區限電，我所在的大學也不得不停辦畢業典禮，但在那之後，大家終究還是回到了震災之前的生活。

然而，肉眼看不到的新冠病毒轉瞬間就擴散到全日本，從北海道到沖繩無一倖免，徹底改變了所有國民的生活。

多人聚集的餐會與派對被迫停辦，各種娛樂活動也不得不中止，每個人都必須戴上口罩行動，成為傳染病肆虐之下的生活「規範」。新冠病毒不僅讓人們的生活型態為之改變，還促使過往潛伏在水面下的格差浮出水面，甚至進一步拉開了差距，而且這樣的現象不僅發生在日本，更在全世界擴散。

我於二〇〇四年出版的《希望格差社會——「人生失敗組」的絕望感將撕裂日本》[3]（筑摩文庫）中提到，日本中高齡男性的自殺人數在一九九七年至二〇〇八年這段期間增加了近一萬人，而在調查的過程中也發現，伴隨日本經濟轉型而來的經濟危機正導致自殺人數逐步攀升。

3　原文書名為《希望格差社会—「負け組」の絶望感が日本を引き裂く》，筑摩書房，2004 年。

一九九七年在泰國爆發的亞洲金融風暴，使東亞與東南亞各國的貨幣急速貶值，日本的北海道拓殖銀行、山一證券、長期信用銀行這類以護送船團方式[4]保護的大型金融機構首當其衝，陸續出現周轉不靈的問題，同一時間還有眾多企業倒閉，連帶影響下游的中小型企業陷入業績衰退甚或破產的危機，許多中高齡男性不是被裁員就是因為公司倒閉而失業——當時迎面受到經濟危機這個宏觀現象所衝擊的，正是身為家中經濟支柱的中高齡男性。

我在前述的拙著中也曾提到，「由亞洲金融危機所引發的社會動盪，造成二次世界大戰以來日本社會不可逆的變化」。自太平洋戰爭到一九九〇年代前期，日本家庭的典型就是「爸爸是公司的正職員工，媽媽可能是全職主婦，也可能一邊兼差分擔家計、一邊當家庭主婦打理家事，平均每對夫妻會養育兩個小孩」，而這類以核心家庭型態為主的家庭往往居住在東京等都會區，也從事相關的企業活動，所以當時大部分日本國民幾乎都一起步上「以富足生活為目標」的軌道。

4 護送船團方式：指透過國家政策避免金融機關倒閉的措施。

但是到了一九九二年至一九九三年之後，泡沫經濟瓦解，「一億總中流」[5]這項社會前提跟著消失，接著更遭遇金融危機的重創。同一時期，隨著《勞工派遣事業法》的修訂，非正規的勞動方式也成為了社會共識。

許多企業為了降低人力成本而減少正職員工的名額，並透過非正式僱用的手段補足勞動力，且大量僱用非正職員工的超商、速食業、觀光業及相關的服務業也不斷擴大規模，這些現象都讓過往在日本被視為特例的非正式僱用變成常態，許多年輕人也都因此成為非正職員工。

雖然企業的業績因而回升，服務業也蓬勃發展，但在人力僱用這一環卻造成了「不可逆的變化」，亦即正職員工與非正職員工之間的經濟狀況出現明顯落差，非正職員工的人數不斷增加，「再怎麼努力也賺不到足以養家活口、令生活無虞的收入」，就此形成了所謂的「格差社會」。

5　一億總中流：指全國一億人都是中產階級。

在這樣的社會背景下，一九九八年日本的自殺人數從前一年的兩萬四千人一口氣增加到三萬兩千人，且直到二〇一一年為止，每年的自殺人數都超過三萬人，這是由於當年許多公司陷入亞洲金融風暴與雷曼兄弟事件（二〇〇八年）這類經濟危機而裁員或倒閉，導致無法養家活口而陷入絕望的中年男性因而尋短。後來景氣慢慢復甦，日本厚生勞動省[6]主導的自殺防治政策也奏效，自殺人數才在二〇一〇年至二〇一九年間逐漸減少，其中又以中高齡男性的減少幅度最為明顯。

而讓這個狀況一舉改變的，就是新冠疫情的肆虐。根據媒體報導，**自二〇二〇年七月開始，由於疫情影響，日本的自殺人數再次攀升。**日本警察廳所發表的資料指出，在二〇二〇年，六月之前的自殺人數雖然比去年同月來得少，到了七月之後卻連續五個月增加。

6　厚生勞動省：日本中央政府行政單位，類似我國衛福部與勞動部合併的部門。

每年自殺人數變遷

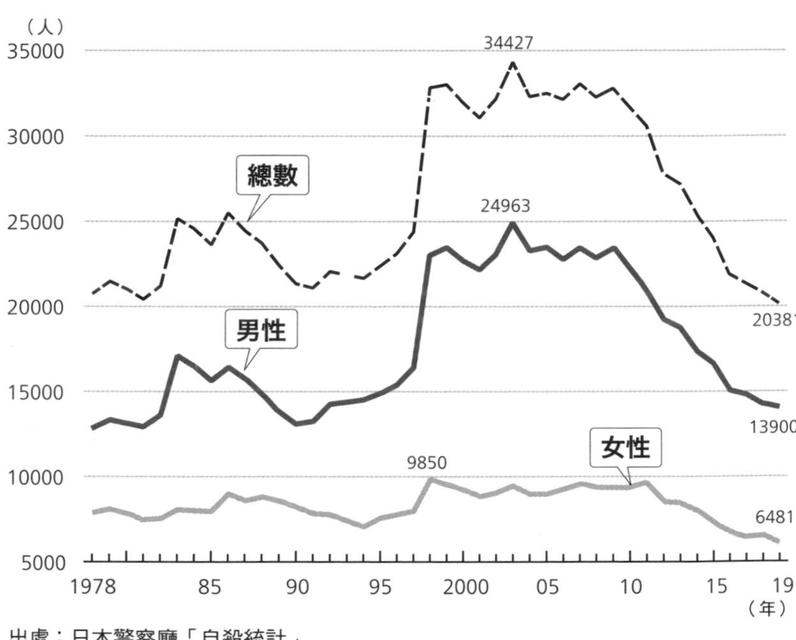

出處：日本警察廳「自殺統計」

2019 年與 2020 年自殺人數比較

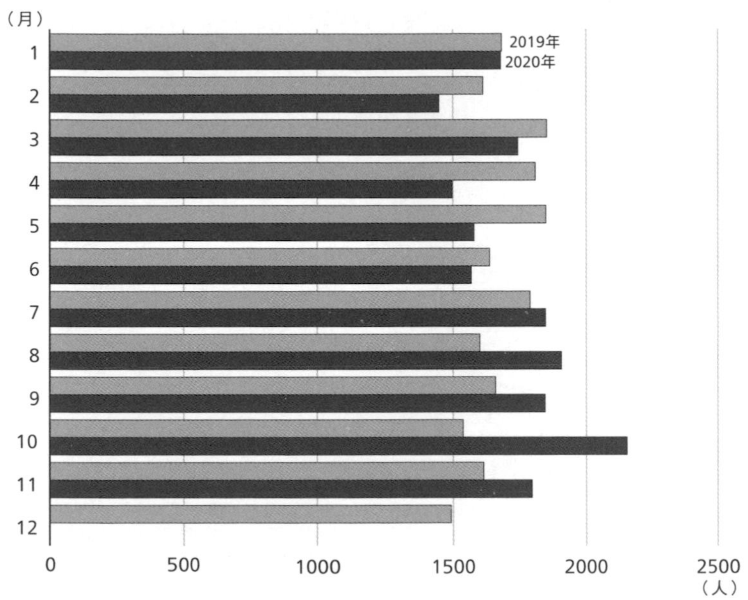

出處：日本警察廳「自殺統計」

2019 年與 2020 年男女自殺人數變遷

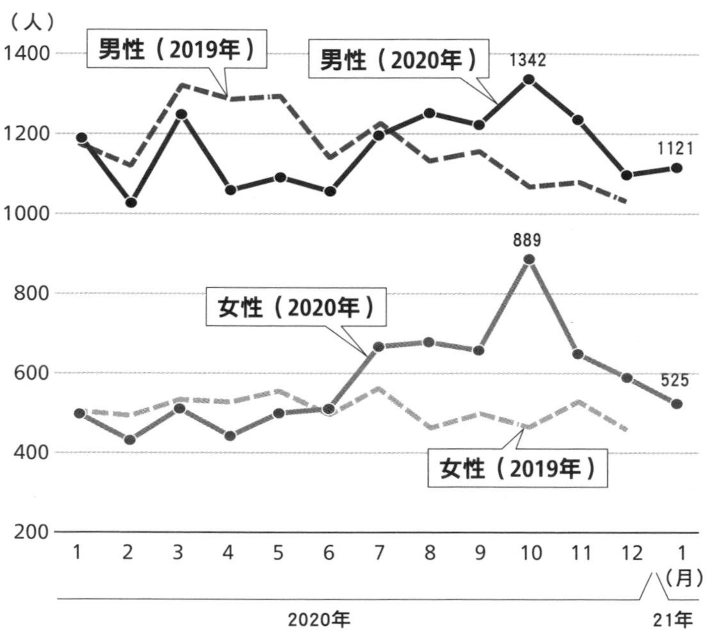

出處：日本警察廳「自殺統計」

自殺的年輕女性增加

在這些資料當中，最值得注意的就是十幾歲到三十幾歲年輕女性的自殺人數不斷增加。直到二〇二〇年六月為止，自殺人數明明都比去年同月來得低，但七月開始就比前一年同月的數字高出許多。以男性自殺人數為例，八月的數字比去年同月增加了百分之十，但女性整體的自殺人數則增加了百分之四十五，要是進一步將範圍限縮至二十歲以下的女性，那麼自殺人數也比去年同月增加了三．六倍。就日本警察廳的速報值[7]來看，二〇二〇年女性自殺人數共約七千人，在這七千人當中，未滿四十歲的女性更攀升至一千六百四十三人。

這個數字告訴我們，新冠疫情在社會上造成的各種「扭曲」對社會成員中身為「弱勢族群」的女性帶來了莫大的負面影響。原本就處於經濟弱勢的年輕女性因疫情造成收入銳減或失業，也與向來支持自

7 速報值：指第一時間初步分析、統計所獲得的數值，並非最終的確定值。

已的家人發生衝突，對未來不抱任何希望，最終導致自殺人數攀升。

二〇一九年日本內閣府的民意調查便指出，年輕族群是生活滿意度最高的年齡層，而其之所以在經濟上最弱勢、滿意度卻最高，就在於有家人得以依賴。假設與父母同住就能依靠父母，如果是已婚女性，另一半或可給予經濟上的支援，所以就算收入少也不成問題。因此這個年齡層的女性自殺人數攀升，應該是由於收入減少、無法依靠家人、自覺未來一片黯淡的年輕女性增加了。

從女性自殺人數增加這一點可以推測的是，**新冠疫情雖然同步對社會的「上流階層」與「下流階層」造成影響，但對下流階層的影響卻更為深遠**。對於以每月所得勉強維持中產階級生活的家庭來說，一旦因為疫情而暫停營業、收入減少或遭到解僱，都將是攸關生死的問題，會讓他們不得不面對「是否還能維持過往生活」的現實。

以目前的日本社會來看，就算丈夫是工作穩定的上班族，許多家庭的生活仍只夠「勉強」維持水準而已。比方說，四十幾歲的丈夫靠著每個月加班多領的加班費賺到三十萬日圓的月薪之後，十萬圓要拿來付房貸，剩下的二十萬圓才是一家四口的生活費，如果還要付車貸，就要利用一年發兩次的業績獎金來支付，正在念中學的小孩若要上補習班，妻子就得去打工貼補——許多家庭都是好不容易才維持著這種中產階級的生活。

如果這樣的家庭因為新冠疫情導致工作量減少、賺不到加班費或獎金，妻子也因為打工的餐廳停業而失去了這筆收入的話……便會頓時無法維持原本中產階級家庭的生活，從「隱形的貧困家庭」陷入真正的貧困。

就現今的日本社會而言，一旦家中的經濟支柱長期臥病、被裁員、離婚或是陷入其他「難以預測的事故」，整個家庭就很難再次振作起來。哪怕只是遇到一次逆風，原本的生活頃刻之間就會分崩離析，這是日本目前的真實情況，而此次的新冠疫情，正是每個日本家庭所遭遇到的「逆風」。

對目前生活的滿意度

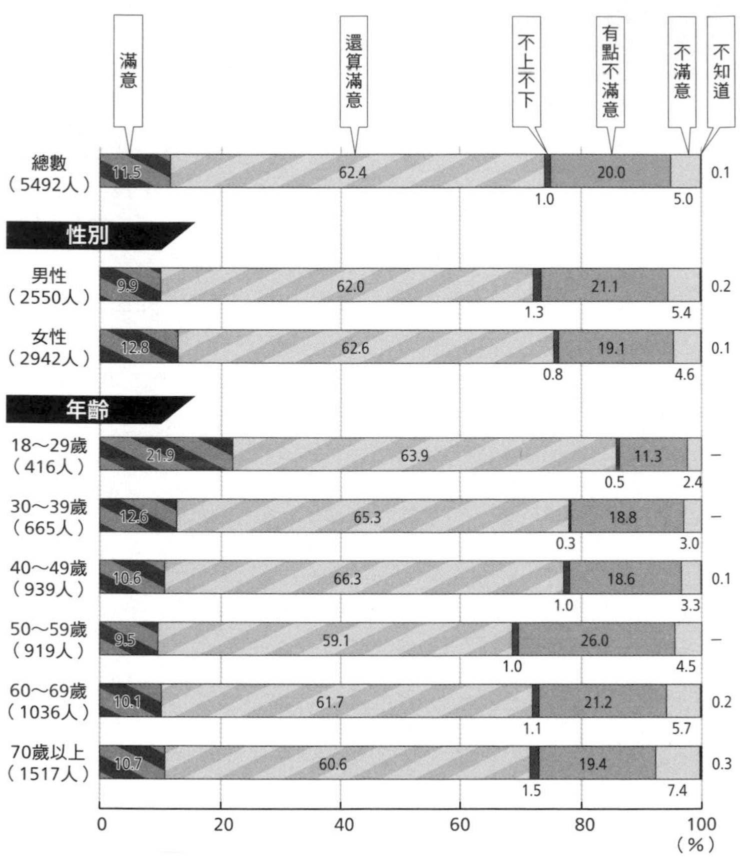

出處：日本內閣府「國民生活民意調查（2019 年）」

■ 各種職業的自殺人數變遷（女性）

＊（ ）內的數值為與去年同月的差距

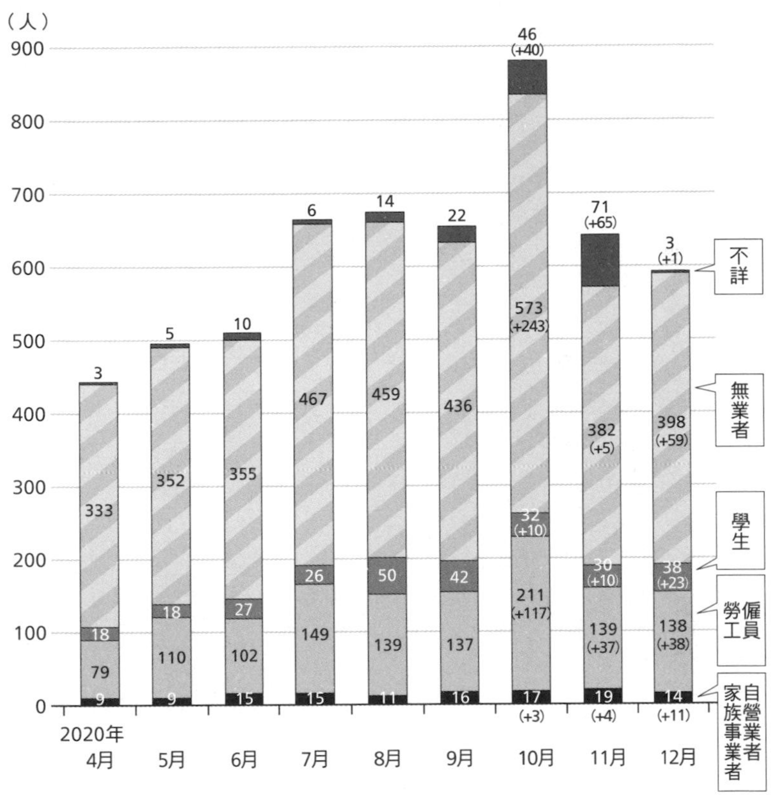

出處：日本厚生勞動省「自殺的統計」

不斷加速的少子化現象

新冠疫情不只讓日本社會的自殺人數攀升，還對國家今後的命運造成了長遠的關鍵性影響——也就是導致「結婚人數與出生人數減少」。雖然少子化是早在疫情爆發前就有的社會問題，但在疫情之後，這項問題便愈演愈烈。根據日本厚生勞動省的速報值來看，二〇二〇年全國的結婚人數就比二〇一九年減少了百分之十二．七。

結婚人數減少的原因除了準新人「擔心在結婚會場引發感染，所以延後結婚」，還有疫情對經濟造成的影響或許讓其中一方——甚或雙方——的收入減少，因此煩惱「婚後經濟出問題」的情侶也增加了，此外，有些情侶還可能因為對防疫的看法相悖而分手。在東京這類疫情肆虐的地區，結婚人數顯著減少，若進一步調查的話，其他地區或許也有類似的情況。由此可知，**由於新冠疫情作梗，願意邁向婚姻新**

生活的情侶確實大幅減少。

再者，疫情爆發之後衍生了不少生活上的規範，「人與人之間的邂逅變少」，結婚人數也可能因此加速減少。二〇二〇年一月，沒有對象、忙著進行「婚活」的未婚者有百分之十三，但是到了十月便減少至百分之十（EUREKA 公司調查）。包含公共團體在內，許多婚姻仲介公司自二〇二〇年政府發布非常事態宣言之後，便停辦由不特定多數人參與的「婚活」。即便仍有一對一的相親活動，配對軟體也還是能認識新朋友，但就我所知，大部分的人對實際見面依然有所遲疑，一般的「交友聯誼」或地區聯合舉辦的「團體聯誼」也減少至全盛時期的四分之一。

儘管「對單身感到不安，所以想結婚」的人似乎增加了，但從婚後的經濟狀況是否穩定這一點來考量，女性尤其會要求男性具有一定程度的經濟能力。自從新冠疫情爆發後，女性對男性的職業有愈來愈多的要求，而符合條件的男性也比過去更少了。

出生動向調查與結婚人數

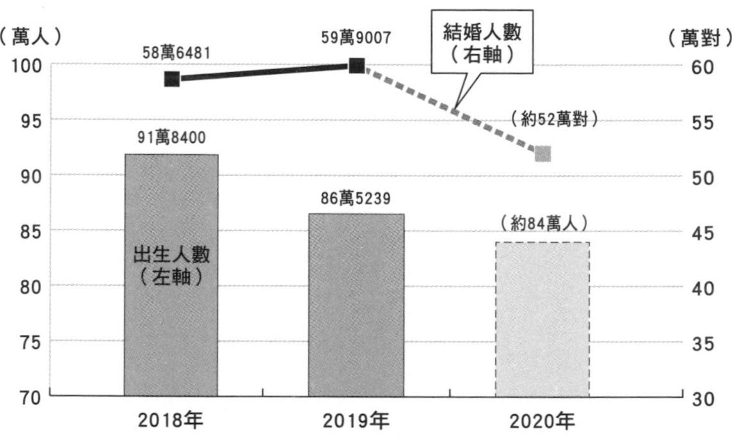

2020年日本的出生人數約84萬人，結婚人數約52萬對（2021年9月正式發表的數據）
出處：日本總務省統計局（人口動態統計）

註：2021年2月發表的速報值（包含在外國出生的日本人）

出生人數／2019年：89萬8600人、2020年：87萬2683人
結婚人數／2019年：61萬5652對、2020年：53萬7583對

由此可知，**傳統型的日本家庭生活——只靠男性的收入養活一家人——的極限如今已完全攤在陽光底下。**

接著一起來觀察小孩的出生人數。

大部分的人都認為日本「二〇二〇年的出生人數應該會增加」，因為二〇一九年是令和元年，為了紀念新年號，選擇在這一年結婚的人比二〇一八年來得多。且以日本來說，結婚一年後就生小孩的情況佔多數，所以只要結婚人數增加，出生人數應該就會跟著增加。但從官方的速報值來看，二〇二〇年的出生人數卻比被稱為有史以來最低的二〇一九年要少兩萬五千人，實際的出生人數跌破八十五萬人。之所以會出現這種情況，一方面是因為適齡生育期的女性絕對人數不斷減少，另一方面則是疫情爆發之後懷孕的人數持續下降。

當時一般認為，二〇二一年的出生人數會繼續下探。

厚生勞動省的出生人數調查指出，醫療機關統計的懷孕人數在二〇二〇年五月至七月這段期間，比去年同期減少了百分之十一，而懷孕人數減少就代表隔年的出生人數也會減少。就目前的數據來看，二〇二一年的出生人數可能跌破八十萬人，[8]這個數字不到戰後兩百六十九萬人（「戰後嬰兒潮」全盛時期的出生人數）的三分之一，與十年前二〇一一年的一百零五萬人相較，減少的幅度也超乎想像。日本二〇二〇年十二月的生產人數已比前一年少了百分之七．三（於二〇二〇年二月左右懷孕的人數），可見新冠疫情在當時已經開始造成影響。

懷孕人口減少的理由很多，其中之一是擔心懷孕的時候感染新冠病毒，亦即為了降低健康上的疑慮而避免懷孕，何況去醫院產檢時也可能會染疫，要是懷孕時剛好出現問題，又遇到醫療量能吃緊的情況，也恐怕無法得到充分的醫療照顧，所以愈來愈多人認為不需要特地選在疫情時期懷孕。

根據二〇二〇年十月二十一日的《東京新聞》報導，接受不孕症

8　編按：根據日本厚生勞動省統計資料顯示，2019 年的出生人數為 865239 人，2020 年為 840835 人，2021 年為 811622 人，逐年遞減，2022 年出生人數速報值則為 799728 人，跌破 80 萬大關。

治療的日本女性人數於三月至六月這段期間銳減，該報導也指出，許多人擔心因為疫情而無法回老家生產或是陪產而選擇避孕。

至於另一個避孕的重大理由，就是家庭經濟的問題。這與結婚人數減少的道理其實如出一轍，在疫情爆發之後，丈夫的薪水變少，妻子則少了外出打工的機會，全家的總收入減少，可以推測也有許多人因此延後懷孕。

日本的夫妻通常都會先規劃好孩子未來的教育才會生小孩，而養育孩子畢竟需要一大筆錢，所以**在前景不甚明朗的情況下，出生人數想當然也就會銳減**。

此外，也不會只有二〇二一年的出生人數減少。前面已經提到了結婚人數減少的事實，但日本人多半會在婚後第一年或第二年生下頭一胎，所以結婚人數減少，出生人數連帶也會跟著變少。再者，在日本的結婚人數之中，「先有後婚」的比例約為百分之二十五（沖繩則為百分之四十），然而新冠疫情爆發之後，民眾被限制外出，導致邂逅另一半的機會減少，所以因為懷孕而決定結婚的情況想必也會大幅減少。

許多地方政府都希望更多佳偶選擇在日本年號改為令和之際結婚，藉此提升出生率，但新冠疫情卻讓這份期待完全落空。少子高齡化本來就是左右日本未來的一大社會現象，政府也為了鼓勵生育祭出多項政策，卻都缺乏立竿見影的效果，使得問題一年比一年嚴重，而讓少子高齡化問題愈演愈烈的原因之一，莫過於二〇二〇年爆發的新冠疫情。

夫妻之間的愛情格差

接著來觀察「家庭格差」的另一個面向。

首先我要提出的是**「家庭裡的愛情格差正在擴大」**的日本現況，真要說的話，這也是造成家庭格差的重大因素。

日本家庭計畫協會於二〇二〇年實施的「男女生活與意識調查」指出，在二十歲至四十九歲的日本夫妻之中，過著無性生活的比例年年攀升，一個月沒有性生活的比例高達百分之五十一．九，正式突破五成大關。這項調查每四年實施一次，所以若與二〇〇四年度的百分之三十一．九相較，無性伴侶的數量增加了二十個百分點。經常在歐美國家演講的我，每當提到日本有許多無性夫妻時，台下的聽眾往往會問「那麼結婚的意義何在」。

另一方面，「夫妻感情融洽」的比例則似乎比昭和時代來得更高，雖然這只是我個人的觀感，但「感情和睦的夫妻」與「感情失和的夫妻」兩者的比例或許愈差愈大，而這種並存的情況也可說是近年來才有的傾向。

歐美國家的婚姻奠基於彼此的愛情，所以只要感情失和就很容易離婚。我還在美國的時候，曾聽過朋友的學生說「如果爸爸和媽媽不再接吻，小孩就要做好他們會離婚的心理準備」，因此婚姻能持續十幾二十年的夫妻通常都很圓滿。反觀許多日本夫妻除了愛情之外，還會考慮經濟穩定性、社會觀感、自己的面子或「小孩」，因而繼續維持婚姻關係。拙著《不需要結婚的社會》[9]（朝日新書）中亦曾提過，就算是「感情失和的夫妻」也會為了生活上的方便而維繫著婚姻關係，尤其妻子年紀愈長愈會期待丈夫過世後的「遺屬年金」，許多夫妻都因此選擇不離婚，此外，有些人則會選擇「卒婚」[10]，也就是「允許彼此另有交往對象」的婚姻型態。若想避免離婚造成的麻煩，這或許也是解決方案之一。

反之，在我的朋友當中，感情和睦的夫妻則愈來愈多。相較於二、三十年前乏味的婚姻關係，現在許多五、六十歲的夫妻經常一起旅行並分享共同的興趣。我從以前就很喜歡看寶塚歌劇和芭蕾舞劇，但在三十年前左右，觀眾通常以女性居多，近年來卻可以看到一些中

9　原文書名為《結婚不要社会》，朝日新聞出版，2019 年。

10 卒婚：日文中的「卒業」指的是畢業，而「卒婚」便是指從婚姻關係畢業。

高年齡層的男性觀眾，而且仔細一瞧會發現很多都是夫妻攜伴前來，看來男方被身為劇迷的女方帶來欣賞的比例變高了。旅行也是一樣。三十年前的日本夫妻通常會選擇各自和同事或朋友出遊，但近年來，一起旅行的中高齡夫妻愈來愈多。我有位自己開公司的親戚一過了六十歲就立刻放下公司的擔子，夫妻兩人每年都在國外長期旅行。新冠疫情爆發之前，據說許多經濟寬裕的退休夫妻檔甚至可以花三個月搭郵輪環遊世界，在我的朋友圈中，也有丈夫為了給七十歲的妻子生日驚喜而特地帶她去高級餐廳用餐。

雖然有這些感情和睦的例子，但也有「好幾年不跟對方說話，明明住在同一個屋簷下卻形同離婚」的夫妻，而這就是日本的現狀。在二、三十年前，退休的丈夫常被戲稱為「溼答答的落葉」，整天只會躺在家裡看電視，妻子則是與朋友打打槌球，或是參加一些自己感興趣的聚會，各過各的生活，這也是當時最常見的高齡夫妻型態。到了現在，有些高齡夫妻還是很恩愛，經常一起旅行或享受共同的興趣，但也有些夫妻彼此不再相愛、婚姻關係徒具形式。此外，還有婚姻關係從「家庭內離婚」惡化成「家庭內分居」的夫妻，有人因而向外尋求慰藉，這代表關乎「夫妻之間彼此還剩下多少愛情」的家庭格差遠比過去普遍，而這也正是日本社會目前的情況。

因新冠疫情而惡化的家庭格差

家庭格差的問題也直接影響了年長者的生活品質。

假設夫妻感情失和，丈夫在家中便很容易被排擠，往往也得不到孩子的信任，妻子當然更不可能每天幫忙準備熱騰騰的飯菜，於是許多人會選擇外食或是買超商的便當解決，健康也因此每況愈下。某項醫學研究指出，一天與相愛的人擁抱一次，能激發大腦分泌被譽為愛情荷爾蒙的催產素，進而促進健康，但對與妻子感情失和的丈夫來說，老早就失去了這樣的機會。聽說在這般世道之下，出現了一些專為年長男性設計的酒店等特種行業，讓那些在愛情中屈居下風的男性有機會得到內心的慰藉。

我認為剛剛提到的**「家庭格差肯定會因為這次的新冠疫情而持續擴大」**。日本與其他國家都曾為了扼止疫情蔓延而疾呼「待在家裡」的重要性，但待在家的時間一長，與另一半大眼瞪小眼的機會就會變多。若以前面的高齡夫妻為例，造成兩人的愛情格差愈演愈烈的最大原因，就是退休的丈夫待在家裡的時間變長了。換句話說，在丈夫退休之前，夫妻雙方各有各的職責，所以就算有些潛在的溝通問題也可以忽略，但在丈夫退休之後，這些潛在的問題就統統浮上檯面了。因此，當政府基於疫情而呼籲民眾待在家裡，不僅是高齡夫妻，連年輕夫妻之間的愛情格差都有可能因此繼續擴大。

「之前老公從早到晚都在公司，在家裡沒什麼機會互動，所以彼此才能勉強維持婚姻關係，但是疫情爆發之後，我們待在家裡的時間都變長了，讓我光是看到他的臉就覺得煩死了。」

只要在 Twitter 搜尋一下，就能聽到許多這類已婚女性的心聲。至於丈夫這邊，就全世界來看，積怨已久而對妻子施暴（家暴）的案例也屢見不鮮。各位或許看過宣稱「紅燈區」造成疫情蔓延的新聞，但是對那些在家裡沒有容身之處的丈夫來說，酒店、小酒館或類似的特種營業場所，都是讓他們有機會與女性互動的珍貴場域，只不過在疫情爆發之後再也無法隨意前往。而妻子的情況其實不遑多讓。在疫情爆發之前，她們或許可以跟朋友一邊吃午餐一邊抱怨丈夫，但疫情之後便無法像過去那樣隨性與朋友聊天，心情也就變得鬱悶，如此一來，丈夫與妻子便各自累積了不少壓力。如果是原本感情就很融洽的幸福夫妻，生活上或許不會因為疫情有什麼特別的改變，但如果不是這樣，新冠疫情就可能成為家暴或離婚的導火線。

這樣說來，疫情就像是夫妻關係的石蕊試紙。所謂的夫妻，並不是指彼此之間的感性或價值觀完全一致，儘管平常或許不太會注意雙方存在哪些價值觀的差異，但當疫情爆發之後，這些差異就會浮上檯面。有些丈夫不怕被朋友傳染、常常在外聚會，但另一半卻極度害怕被感染，所以丈夫回家之後就讓他單獨在房間吃飯，不能與妻小一起用餐。不過感情融洽的夫妻就算對疫情的看法不同，也能透過溝通找到平衡點，趁機進一步了解彼此。由此可知，有些夫妻在疫情爆發之後會更了解彼此（E Woman 圓桌會議，二〇二一年一月投稿），也有夫妻反而會因為疫情鬧到快要離婚（《讀賣新聞》「人生指南」，二〇二一年二月十四日投稿）。

新型家暴

隨著近年結婚人數減少，日本整體的離婚人數實質上也跟著減少。要在日本養小孩必須具備一定的經濟能力，一旦成為單親爸爸或單親媽媽，家庭的總收入跟著減少，也就很難好好養育小孩，所以即便已經對另一半沒有感情，許多伴侶還是會為了小孩而維持婚姻關係。尤其長期身為家庭主婦的女性，比起男性，更是難以在離婚後一邊照顧小孩、一邊從事全職工作，因此對於離婚與否會加倍猶豫。

我曾連續十五年擔任日本內閣府「男女共同參劃會議・女性受暴專門調查會」的專業諮詢委員。從最近的家暴資料來看，前往女性諮商中心這類專業機構求助的案件數有所攀升，但能獲得「保護」的案例卻是少之又少，完全不成比例。

所謂的保護（在大多數情況下）是指逃離丈夫的掌控、得到庇護。

明明前往專業機構求助的案件增加，但獲得保護的件數卻並未跟著成長，代表有許多女性即便遭遇家暴，也還是覺得與丈夫同住比較好。就算平常遭受丈夫語言霸凌或是偶爾拳打腳踢，但只要一想到離婚之後的經濟困境，就讓人情願維持當下的生活。受暴的一方只能被迫忍受，卻沒有任何單位可以插手阻止另一方繼續施暴，這就是日本家暴防治政策的現況。

雖然家暴的加害者幾乎都是男性，但其實丈夫往往也覺得一旦妻子離開，自己恐怕無法獨力生活，所以才會不斷施暴。順帶一提，歐美國家會允許家暴受害者據此申請特休，甚至有許多國家訂立了要求加害者離開自宅的法律，但在日本，丈夫闖到妻子的職場找碴、害妻子因而被開除的情況卻所在多有。

為了改善這樣的情況，**日本政府不光想著如何保護被害者，也開始討論阻止加害者的方法**。我所在的部會一直以來都在研擬如何以適當的方式接觸加害者，使其停止施暴或是離開受害者的生活圈，但目

遭受配偶暴力對待而報警的通報案件

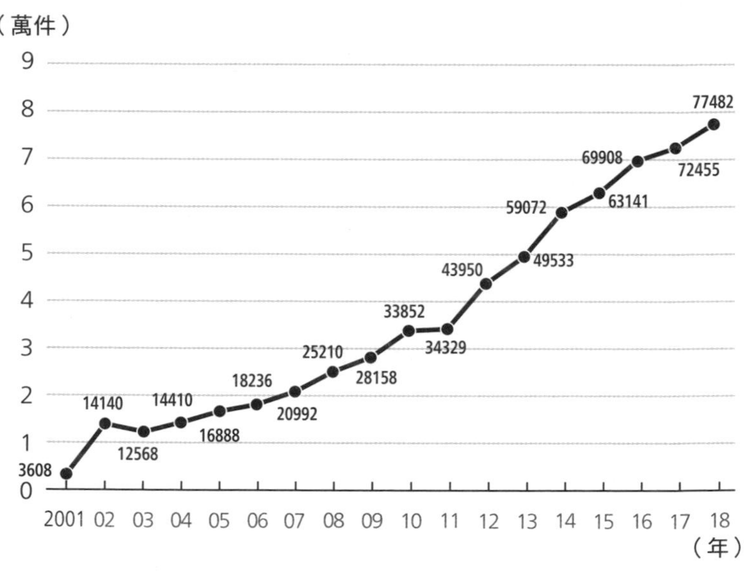

出處：日本警察廳

前或許還需要一段時間才能提供實際的協助（《男女間暴力行為相關調查報告書》，二〇二一年三月，日本內閣府男女共同參劃局）。

某位我採訪過的家暴受害女性曾告訴我：「等到老公老得只能躺在床上時，我會讓他徹底明白他對我做過的一切。」看來這位女性為了日後能夠報仇，寧可強忍心中的怨恨也不願選擇與丈夫離婚這條路。

另一項不為人知的事實是，在日本，大部分的家暴防治中心都不允許受害者帶著手機尋求協助。雖然這是為了避免加害者根據手機的定位功能得知受害者的位置，但這一點明明只要關閉定位功能就能解決，畢竟現在這個年頭，沒有手機可是連找工作都成問題。我一直以來都為了改掉這項陋習而奔走，但這些防治中心卻總是拿「一切依規定辦理」當擋箭牌而不願配合，或許他們是為了避免受害者忘記關掉定位功能、導致加害者闖進防治中心而衍生的相關責任吧。此外，這些防治中心嚴格限制受害者的行動，也很可能導致受害者「不願到家暴防治中心尋求協助」。

婦女諮詢中心的臨時保護件數

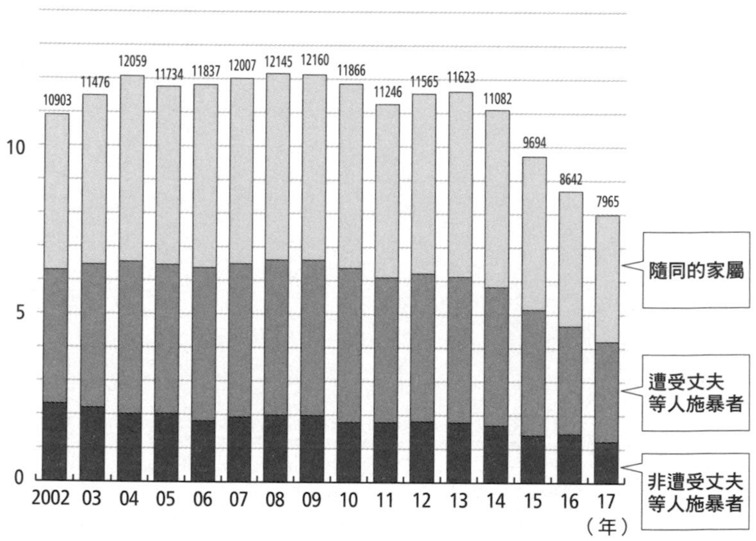

出處：日本厚生勞動省

由此可知，得以被家暴防治中心安置、獲得保護的受害者僅止於遭遇家暴情節重大者。而自古以來，可以取代家暴防治中心提供受害女性保護的「庇護所」，就是接待男性的服務業。在酒店或特種營業場所上班，能賺到比一般打工更優渥的報酬，生活的自由也不會受到任何限制，有些店甚至會提供單人的員工宿舍或是與托兒所合作，方便有小孩的女性上班。這樣的工作環境既能確保工作與住處，又能杜絕身為家暴加害者的丈夫騷擾，在這方面堪稱某種「令人安心的場所」。

女性之所以不得不依賴這種服務業，全是因為她們的人生有相當的程度取決於所選擇的另一半。反觀男性，不管是在多麼惡劣的環境下成長，也不管另一半是多麼糟糕的女性，只要具備工作能力，就能賺錢養活自己。

然而日本女性為了養育小孩，通常得離開職場很長一段時間，自己的生活水準便往往取決於配偶的社會地位、經濟能力及「個性」。在這個格差社會中，女性與「上層社會」的男性結婚或是與「底層社會」的男性結婚，人生的樣貌將會完全不同。離婚也是一樣。若與收入高、資產雄厚的男性結婚，只要是丈夫提出離婚要求，女方就能得到大筆贍養費或是分得財產，但如果是與收入低、手頭不寬裕的丈夫離婚，別說贍養費，恐怕連小孩的扶養費都拿不到。離婚之後不付扶養費的新聞之所以層出不窮，正是因為無力支付的男性愈來愈多。

當女性陷入經濟困境時，酒店這類特種行業或許算得上某種安全網，因為就算是獨力扶養小孩的母親，至少也能保有容身之處，還能賺錢養活自己。事實上，在日本經濟低迷的這二十幾年中，就有不少學生在宣稱不提供身體接觸的酒店或女孩酒吧（Girls Bar）打工，由於父母收入微薄而不得不選擇高時薪兼差的學生也變多了，此外還有在男公關店打工以支付學費的男學生——昭和時代與平成時代的年輕人對於在特種行業打工的看法肯定截然不同。除了人數不斷攀升的單身男性之外，社會上也不乏缺少感情交流的無性夫妻，所以許多男性會在能與異性親密接觸的店家追求類似的滿足感。這些男性與無家可歸的女性一樣，家人不在身邊或是家中沒有容身之處，而這樣的店家恰巧能滿足他們的需求。

然而，新冠病毒卻打破了這種平衡。

二〇二〇年九月，我參與政府的男女共同參劃會議家暴專門部會時，某大都會區的政務官也出席了。質詢之際，我問這位政務官：「大都會區的紅燈區曾爆出群聚的新聞，這些特種行業似乎也開始自行停業，但原本在那些地方工作的人現在都在做什麼呢？」

當時對方回答「他們並未前來尋求官方協助」，但負責援助女性的非營利組織（NPO）卻表示，他們陸續接到不少在特種行業上班的女性求助。

日本全國的酒店約有五萬五千間，而男公關與女公關在店裡提供餐飲時會與客人非常靠近，很容易造成飛沫傳染，但在酒店上班的女性為了生活，也只能冒著被感染的風險繼續工作。當這些紅燈區爆發多起疫情群聚事件之後，中央政府或多數地方政府都要求這些店家停業或縮短營業時間，等於讓那些無處可去的女性再度失去了「避風港」與「安全網」，生活也頓時陷入困境。

戰後型家庭因新冠疫情而走到盡頭

一如前述，這場疫情讓潛在的家庭問題浮上檯面，換句話說，就是讓日本所謂的「戰後型家庭」走到了盡頭，除了經濟層面之外，在情感層面也是如此。

戰後型家庭是指在二次世界大戰之後的日本普及的「男主外、女主內，打造富足家庭」的家庭型態，也就是「年輕人在三十歲左右結婚，並在不離婚的情況下養育兩、三個小孩，小孩成長獨立後，則得以享受退休生活」的典型家庭形式。

以這種家庭為標準所打造的社會制度（尤其是社會福利制度），以及將這種家庭視為「幸福」象徵的社會共識，都是戰後型家庭得以成立的因素，而這樣的社會制度與社會常識就統稱為「戰後型家庭體制」。

這套體制如今在宏觀與微觀的層面都已經走進死胡同。從宏觀的層面來看，許多人已無法打造並維持這種戰後型家庭；而就微觀的層面來說，打造並維持戰後型家庭也並不保證絕對幸福。

戰後型家庭體制成立於二次世界大戰之後，並在經濟高度成長期普及，但這套體制卻在年號改為平成的一九九〇年時遇到了瓶頸，等到改元令和之際，又立刻遭到二〇二〇年的新冠疫情致命一擊，正式宣告日本戰後型家庭體制已經不可能再維持下去。

從宏觀的角度來看，未婚人數增加以及隨之而來的少子化問題始於經濟高度成長期結束的一九七五年，這項說法也於一九九〇年的時候——得知一九八九年（也就是平成元年）的總和生育率為一．五七之際——獲得證實。男性無法僅憑自己的收入養家並維持中產階級的

出生人數與總和生育率的變遷

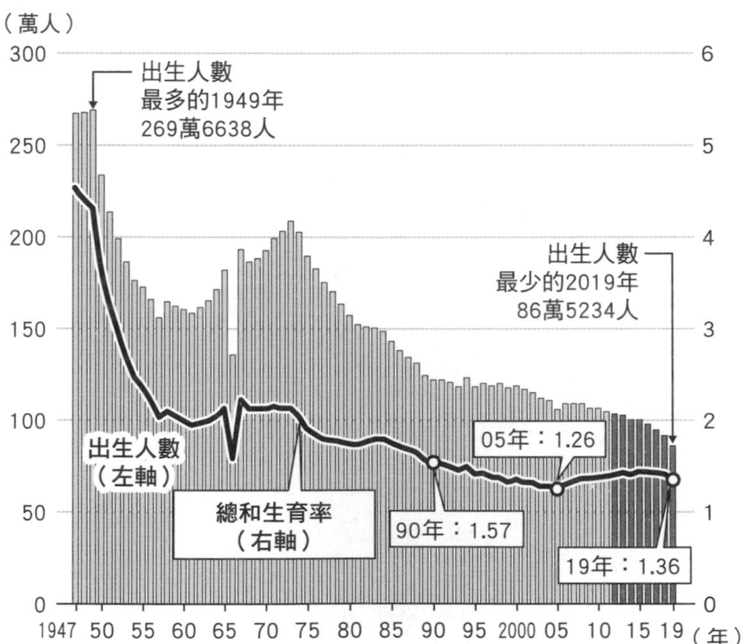

出處：日本厚生勞動省「2019 年人口動態統計月報年計（概數）概況」

生活，這樣的情況在當時變得十分常見，也導致整個平成時代的未婚率不斷上升，總和生育率至今低迷不振。

未婚率攀升、總和生育率持續低迷的原因之一，在於收入相對減少、非正式僱用增加、「只憑丈夫的收入無法維持中產階級生活」的年輕族群愈來愈多。不過，就社會福利與稅制來看，以「丈夫為正職員工」為前提的單薪家庭仍得以維持，希望「另一半職業穩定」的未婚女性也有增無減，所以才會導致日本有四分之一的年輕人終生未婚、已婚者有三分之一「曾經離婚」。

前面已經提過，於令和時代爆發的新冠疫情讓上述傾向加速惡化。二〇二〇年，日本的結婚人數銳減，隔年的出生人數也就跟著大幅下降，因此我認為，**「只靠丈夫的收入維持中產階級生活」的戰後型家庭已經走到了盡頭**。

夫妻之間的感情也是一樣。雖然戰後型家庭是奠基於愛情的家庭基本形式，但在夫妻各司其職的情況下，彼此就算缺乏溝通還是能維持關係。丈夫負責賺錢養家就是愛妻子的表現，妻子操持家務則是愛丈夫的表現，我將這種情形稱為「各司其職的愛情」。

不過，到了平成時代，雙薪家庭愈來愈多，丈夫也必須分擔家事，夫妻得透過溝通確認彼此之間的愛意，加上新冠疫情爆發之後，雙方一起待在家裡的時間變長，除了討論防疫的事宜之外，其他要溝通的事情想必也跟著變多，簡單來說，已經不能以「憑感覺」或「不說對方也知道」的默契跳過溝通的步驟——夫妻再也不能只以「各司其職」的方式維持關係，而是得實際進行溝通。

第二章

教育格差

雙親格差的延續

支撐中產階級意識的教育

另一個因新冠疫情而擴大的格差是「教育格差」。

本章將指出新冠疫情對教育造成哪些影響，以及後續是否會對日本社會造成「階級僵化」的隱憂。

「希望孩子擁有比自己更好的環境」是許多父母由衷的願望，不希望孩子遇到難過的事，更不希望他們覺得自己比不上身邊的朋友，有這種想法的父母實在太多了。這些父母之所以會這麼想，全是因為日本社會根深柢固的「中產階級意識」。

直到江戶時代，日本都還有所謂的身分制度，當時是武士階級與貴族階級的地位凌駕農民和商人這類庶民之上的階級社會，而且這些「身分」涇渭分明，就像印度的種姓制度般，後代也會代代繼承。

但是當江戶幕府因明治維新倒台之後，明治政府認為要讓日本脫胎換骨、躋身現代國家之列，就必須廢除身分制度，所以雖然讓士族與貴族保留原本的戶籍，卻實施了「四民平等」政策。等到日本於太平洋戰爭中戰敗，被駐日盟軍總司令部（GHQ）接管、制訂新的憲法之後，才徹底轉型為民主主義國家。在轉型的過程中，日本被譽為「東洋奇蹟」，實現了經濟高度成長的目標，整個社會也隨之轉型，多數國民因此認為自己是「中產階級」。只要認真工作，就能成家立業，也買得起電視、冰箱、洗衣機這些家電，還能利用貸款買房買車，換句話說，總有一天能過著「中產階級」的生活。這種生活品質提升的希望之光，照進了每個日本人的生活。從各種民調的結果來看，在一九八〇年自認是「中產階級」的日本人超過八成，雖然最近這個數字有點下滑，但是「中產階級意識」仍是日本人基本的自我認同。

反觀許多歐洲國家的社會都有明確的階級區分。雖然法國大革命這類公民革命催生了近代民主主義社會，表面上提倡人人平等，但實際上還是不折不扣的階級社會。比方英國就有上流階級、中產階級和勞工階級之分，每個階級從服裝到用字遣詞都有明顯的差異。美國的階級雖然不若英國那般鮮明，但不同的社會階級會從事不同的職業、住在不同的地區，生活型態也完全不一樣。在這些國家的中產階級家庭出生的人，自然會追求標準的中產階級生活；在勞工階級家庭出生的人，當然也會努力提升勞工階級的生活品質，幸福快樂地生活。

戰後，許多日本國民在貧困中展開了新的生活模式，到了經濟高度成長期，所有人都變得一樣富足，也開始自認為是「中產階級」，而這個概念也維持了好一段時間，表面上的「階級」已不存在，就算說話的方式或服裝打扮這類外在因素有些差異（「那一戶是有錢人家」、「那一帶窮人很多」這種羨慕或歧視的心態還是存在），但至少「階級」已經開始流動，並非僵化而無法跨越。比方說，就算一開始買的是輕型汽車，總有一天也可以換成高級汽車，所以可能會覺得自己與現在開著高級汽車的人「同屬一類」。

日本人這種中產階級意識之所以得以形成，根本原因在「教育」。近代教育思想家福澤諭吉就曾在著作《勸學》（一八七二年）中提到，「上天不在人上造人，亦不在人下造人」，同時提及「勤學而通曉事物者是為貴人、富人，不學無術者是為貧人、下人」，亦即主張廢除傳統的身分，認為「勤學令人偉大，不學無術則受輕蔑」。

日本在經歷明治維新之後，**「學問」便取代身分，成為飛黃騰達的護照**，就算出身貧困也能就讀公立的小學與中學，只要用功讀書，一旦考上明星高中或大學，就能獲得高薪工作，也有機會成為醫師或律師。即便成績不是特別優秀，同樣可以在義務教育的過程中學習到團體行動的規範以及「正確服從規則」的技能，也就能夠進入因經濟高度成長使得業績不斷攀升的企業就職，賺到足以維持「普通生活水準」的薪水——但直到前幾年，這些事情在日本都還僅限男性。

日本女性若具備一定的學歷，也就比較有機會認識高學歷的男性，最終便相對能過上好日子，這也代表教育是提升生活品質的途徑。直到一九九〇年為止，在日本女性眼中，「短期大學」正是認識高學歷男性並和他們結婚的管道，因此非常受到歡迎。

在泡沫經濟到達顛峰的一九九〇年代，將「一般水準的生活」視為理所當然的社會成形了，中產階級的概念也滲透到每個世代，整個社會都認為沒辦法擁有一般水準的生活是「可恥的」，避免從中產階級的隊伍中脫隊也成了每個人最主要的任務。

家庭所得減少造成的學習格差

目前正在養兒育女的男女多半是在一九七〇年到一九九〇年代出生的，而這些人通常在手頭相對寬裕的父母照顧之下長大。在每位日本國民都過著中產階級的生活、國家經濟順風順水的時代接受教育的他們，現在已經是三十歲到五十歲的中壯年，換句話說，這些由父母花大錢栽培長大的世代也開始養育自己的小孩了。

我最近讀了一份文部科學省的調查報告，是針對有高中生的家庭在校外的學習費用，也就是關於補習費或家教費的報告，其中讓人驚訝的是，一九九四年的校外學習費用竟然遠比二〇一八年來得高。

在一九九四年當時，日本人家中若是有正在念公立高中的小孩，一年花在校外活動費用的平均金額約是二十萬四千三百八十七日圓，假設小孩念的是私立高中，則約花費三十萬兩千四百一十九日圓。到了二〇一八年，前者是十七萬六千八百九十三日圓，後者則是二十五萬八百六十日圓，足足少了三到五萬日圓。

從這些數字可以發現，現在的父母已經無力在孩子的教育上投資，也能發現請得起家教的家庭已顯著減少。家教的費用通常比補習班高出許多，經濟寬裕的家庭才請得起，這正代表有能力大手筆投資下一代教育的日本家庭已經大幅萎縮。

其實從我所服務的大學也可一窺端倪。三十年前，一個班上總會有幾個學生在打工當家教（我當時在東京學藝大學任教），但近來幾乎沒聽說有學生在當家教，就算是東京大學或京都大學這種偏差值[11]較高的大學，當家教的學生也不斷減少。

所謂校外學習費用雖然包含體育、藝術這類「才藝」費用，但投資在才藝課的費用當然也不斷減少。在這二十五年來，正在養兒育女的父母能在課後投資的教育資金相當程度地下滑——由此也能發現少子化問題持續惡化的理由。現代的父母已無法比照二十五年前那樣，將花在自己身上的同等金額投資在小孩身上，卻又希望盡可能在小孩的教育上投資，所以才變得不願多生小孩。

以四十幾歲、正在養育小孩的世代來看，每對日本夫妻生養的小孩已低於兩個。**沒辦法如願多生小孩最主要的理由，在於養育與教育開銷很大。**如果要比照自己的成長過程、在孩子身上投資相同的費用，恐怕難以維持家計。

11 偏差值：日本一種估算學力的數值，反映的是考生在所有應試者當中的順位。偏差值愈高代表順位愈前面，愈有機會進入好學校。

30～34歲（133）	35～39歲（282）	40～49歲（787）	**總數（1253）**	**第14次（總數）（1835）**	**第13次（總數）（1825）**
81.1	64.9	47.7	56.3	60.4	65.9
24.8	20.2	11.7	15.2	16.8	17.5
18.2	15.2	8.2	11.3	13.2	15.0
18.8	35.5	47.1	39.8	35.1	38.0
10.5	19.1	28.4	23.5	19.3	16.3
15.8	16.0	17.4	16.4	18.6	16.9
22.6	24.5	14.4	17.6	17.4	21.6
12.1	8.5	10.0	10.0	10.9	13.8
7.5	6.0	8.0	7.3	8.3	8.5
9.0	9.9	7.4	8.1	7.4	8.3
9.0	7.4	5.1	6.0	7.2	13.6
12.1	8.9	3.6	5.9	5.6	8.1

%

夫妻無法如願多生小孩的理由

複選：調查對象是首次結婚的夫妻，且預計生養的小孩人數低於理想的小孩人數

妻子的年齡（採樣數）			低於30歲（51）
未能如願多生小孩的理由	經濟方面的理由	養育與教育小孩太花錢	76.5
		會影響到自己的工作（職位或家業）	17.6
		家中空間太小	17.6
	年齡或身體方面的理由	年齡太大，已經不適合生育	5.9
		想生但生不出來	5.9
		健康方面的理由	5.9
	育兒負擔	無法承受育兒的心理壓力與生理壓力	15.7
	與丈夫有關的理由	丈夫不願幫忙家事與育兒	11.8
		希望么子能在丈夫退休之前長大成人	2.0
		丈夫不想生	7.8
	其他	現在不是小孩能順其自然長大的社會	3.9
		個人生活與夫妻生活更重要	9.8

出處：日本國立社會保障・人口問題研究所（2015 年）

新冠疫情造成的教育力落差

教育費用可不只是補習費、家教費與才藝班的費用，還包含升學所需的報名費、參考書的費用，以及購買學習所需的電腦設備等花費。能讓每個小孩在這方面不予匱乏的家庭，通常都得具備一定的經濟能力。這二、三十年來，日本家庭之所以難以維持家計，很大的原因雖然在於國家的經濟發展停滯不前，但二〇二〇年爆發的新冠疫情更讓家庭所得減少，導致孩子的學習格差進一步擴大。

比方說，日本全國各大學為了阻止新冠疫情在校園內蔓延，都改以遠距上課為主，然而有些學生能採行遠距上課，有些卻沒辦法。以我服務的大學而言，校方會免費出借無線路由器給學生以便遠距上課，但如果學生本來就沒有電腦，那麼就算有路由器也沒辦法參加遠距課程。雖然偶爾會看到他們用智慧型手機遠距上課，但那畢竟不方便用來寫報告或分享簡報資料，很難滿足課程所需的安排。此外，也有學生是「兄弟姊妹共用一台電腦」，或是「去提供免費 Wi-Fi 的地方用智慧型手機遠距上課」。一想到孩子沒有自己的電腦或是筆電有多麼不便，當父母的肯定難以忍受。

新冠疫情爆發之後，日本政府要求全國小學、中學與高中於二〇二〇年三月二日到春假這段期間停課，儘管所有學校都遵照辦理，但對老師來說，這是第一次遇到的情況，每間學校在停課期間的處置措施也有相當的差異。私立的完全中學或國際學校早早就建立了遠端教學系統，所以就算停課也能透過遠距教學的方式上課。這些學校在新冠疫情爆發之前就非常注重資訊通訊技術（ＩＣＴ）教育，也自行發送平板電腦或桌上型電腦給學生，所以這些孩子都能無縫接軌地開始遠距上課。

另一方面，大多數的日本公立小學與中學在停課期間都以發送講義為主，畢竟就算要推動遠距教學，每個學生家裡不一定都有電腦與網路，懂得透過影片教學的老師也很有限。就算有擅長電腦的老師，但基於義務教育的受教權平等原則，也有不少學校不太希望只有自己開始遠距教學。

在這樣的背景之下，不同家庭的孩子應對學校全面停課的方式便非常不一樣。有些小孩因為不用上學就整天在公園玩耍或打電動，有些小孩則是趁著學校停課在家寫補習班的功課，或是透過網路學習，即使是尚處於義務教育階段的兒童，也已經看得到這些顯著的差異。

此外，親子關係也因為疫情產生了明顯的變化。有些家長因為遠距工作的緣故，待在家裡的時間變長，熟悉電腦作業的他們因此能從旁協助小孩遠距上課，孩子也能近距離接觸遠距工作的父母。在此之前，孩子一般應該都沒有機會就近了解「爸爸（或是媽媽）工作的模樣」。另一方面，在無法遠距工作而不得不外出上班的雙薪家庭，孩子白天一個人待在家的時間就會變長。

二次世界大戰之後，日本的大學升學率不斷提升，這是因為當時大部分的父母都希望「孩子能獲得比自己更好的教育與學歷」，這在前面也已經提過。如今五、六十歲這個世代的大學升學率之所以會比過往的升學率高上許多，還有一個原因是當時的大學學費比較便宜──以一九七五年的國立與公立大學學費為例，一年只需要三萬六千圓。雖然從隔年開始就不斷調漲，但是到一九八六年為止，一年學費也只需要二十五萬日圓，就這個金額來看，只要努力打工，學生自己或許也負擔得起。

可是到了現在，日本二〇二〇年度的國立大學文組學費已漲破五十三萬日圓，如果連第一年的學雜費都算進來，恐怕就超過八十萬日圓，假設孩子是離開父母身邊獨自到其他縣市念大學，那還得加上房租與生活費。如果念的是理組的研究所或是私立大學，那麼學費更是高得嚇人，以今時今日的日本一般家庭而言，實在無力讓兩、三個小孩都念大學。

有鑑於此，愈是期待孩子能夠得到良好教育的父母，當然生得愈少。如果希望「想生兩個小孩，但礙於現實，還是生一個就好」的夫妻多生幾個小孩，政府就非得透過相關政策給予經濟上的支援不可。

數位格差、溝通能力格差、英語格差

新冠疫情蔓延以來，全世界都在討論開創「新型態經濟」的必要性。演唱會、娛樂活動、職業體育運動等，這類以人潮聚集為前提的商業活動為了防止疫情進一步擴散，都不得不立即採取線上參與等應對措施，就連非屬特殊商業活動的一般行業也改成居家工作，大部分的公司都大幅減少來辦公室上班的員工人數。

在日本的首都圈，如何緩解早晨通勤電車擁擠不堪的人潮是長年以來的課題，但自二〇二〇年以降，通勤的人潮問題卻因新冠疫情而舒緩了。至於採行遠距辦公的公司，員工就不需要住在房租較高的都會區，所以逐漸有人選擇搬到外縣市，只在有必要的時候進辦公室。就連一開始讓人覺得不太方便的遠端會議，後來也發現足以滿足開會的需求。比起一群人特地花上大把時間與交通費聚在一起，遠端會議的負擔更輕，也更加合理。照這樣看來，縱使之後新冠疫情結束，這種工作型態還是會持續下去吧。

然而，當工作型態改變，工作者也得跟著改變，而傳統的教育方式恐怕已不足以應付新的工作與經濟型態。

在經濟高度成長期的第二級產業社會中，受僱者必須能好好完成被交辦的工作。一般認為，日本的學校教育帶有濃厚的軍隊色彩，所以課程的重心都放在如何讓學生成為能完成既定任務的人才。

比如在以製造業為主的工業社會，就算是不擅長溝通的人，只要能一步一腳印地完成被交辦的事項，不管怎樣都絕對找得到工作，可以擁有屬於自己的一片天。但是當社會型態從工業社會轉型為以資訊、服務為主的第三級產業社會，勞工就必須具備溝通能力，即連準備步入職場的學生都知道「擅長溝通的人比較佔優勢」，在如今的社會，懂得與別人相處、保持圓融關係的人肯定較受青睞。

身在重視溝通能力的社會，不管從事任何工作，都必須具備傳統教育不重視的技能。具體來說，**就是善用科技的能力抑或精通外語的能力**。除此之外，還有讓別人對你的想法產生興趣的簡報技巧，以及能正確察覺他人需求的能力，只要具備各種領域的素養，就能成為讓眾多企業搶破頭的人才。

事實上，就日本大學生的「求職」狀況而言，目前已經出現了「數位格差」、「溝通能力格差」與「英語格差」等現象。在求學時就具備這些能力的學生與未能具備的學生，在出社會之後的表現將有明顯的差距。如果像過去那樣只用偏差值判斷，那麼只要學生本人會念書，就算出身貧困也能透過努力拿到學位。雖然這種只看成績或學歷的觀念飽受批評，但在過去，只要認真讀書，每個人都有機會進入明星高中或大學，也能找到高薪的工作。

然而，現代社會重視的科技能力與實用的英語能力卻很難在學校獲得。換句話說，傳統的學校教育系統所實行的教育內容，只能培養出經濟高度成長期的工業社會所需的人才。

至於新型態經濟所需的能力，則難以透過現行的學校教育習得。假設父母平常在家就會用電腦工作或是常在家裡說英語，孩子自然認為「自己會用電腦與說英語是理所當然的」，曾跟著父母前往外國工作的孩子當然也會有一樣的想法。反觀那些鮮少接觸電腦與外語的父母所養大的小孩，就得在長大之後自己從零開始學習上述技巧。

在不同的家庭環境成長的孩子，運用科技的能力與英語能力會出現格差。換句話說，現代社會所產生的格差並非彼此競爭所導致的，而是取決於出生的家庭——這與舊時代的身分制度可說非常類似。

因新冠疫情而浮上檯面的家長格差

強調與他人溝通無礙、重視溝通能力的傾向，也反映在所有企業僱用人才之際。

以三十幾年前的日本公務員考試為例，當時只要通過筆試，幾乎就等於面試合格，但是近年來的情況有所改變，筆試所佔的比重愈來愈低，而面試的印象分數則愈來愈重要，沒辦法在面試時拿到高分就會被刷掉。許多企業在徵才的時候也非常看重「溝通能力」這項特質，那些「認真埋頭苦幹卻不擅長交際」的學生在找工作時，常常無法強調自己的優點，所以就算應徵了幾十間公司，沒有半間願意提供工作機會也不足為奇。

雖然學生心裡明白自己的缺點，但溝通能力畢竟與本身的個性也有關，很難一朝一夕就改善。有些學生則是不斷逼自己接受那些強調溝通能力的面試，弄得身心俱疲，最後乾脆放棄找工作，變成了閉門不出的繭居族。日本最近出現了不少專門指導就業的補習班，也會教導學員面試技巧。這些補習班往往掌握了龐大資料，能依照面試的類型給予學員正確的指導，讓學員有機會進入公家機關或銀行服務，但高額的學費自然也不在話下。

不少對社會趨勢較為敏感的父母往往會先一步發現「要在今後的社會生存，就必須具備溝通能力」，因此讓孩子就讀國際學校或是教育方針較為先進的學校。我曾在某間公立科學館演講，那裡有以剛升上小學的兒童為對象的科學課程，有些母親則會在旁觀摩孩子的學習情況。這些母親肯定希望孩子對科學感興趣，才會替他們報名科學課，當我看到她們熱切地盯著正在做科學實驗的小孩時，真的非常驚訝。順帶一提，這類科學課程幾乎不需要任何費用。

孩子的求知欲與父母對於教養的看法有絕對的關係。假設家裡有一面很大的書櫃，書櫃裡也擺滿了很多書，那麼在這種家庭長大的小孩當然會比那些父母完全不讀書的小孩更有求知欲。經濟合作暨發展組織（OECD）的調查也指出，孩子的學習成績與家中有多少藏書呈正比。

雖然聽起來像是開玩笑，不過我曾經從朋友口中聽到下面這段故事。某位大學畢業的女性與一名高中畢業的男性戀愛並結婚了，但直到住在一起之後，才發現彼此之間有個習慣很不同——那就是「收看的電視節目不一樣」。男方是一名正職員工，也是非常認真工作的人，但都只會看有搞笑藝人的綜藝節目，至於女方則是看猜謎節目以及NHK新聞節目長大的，每當她在看猜謎節目、搶先知道正確答案的時候，丈夫總是會佩服地說「妳真的懂得好多啊」。這個小故事不禁讓我切身感受到，小時候在什麼樣的家庭成長，長大之後感興趣的領域也會有所差異。

近年來日本也開始重視實用的英語教育，從小學就開始安排英文課，不過學外語就像是學游泳，在榻榻米上有模有樣地游得再好，也不代表真的能在水裡游泳，所以能接觸到多少道地的外語可說是學習語言最重要的一環。只憑一週兩、三個小時的英語課絕對學不好英語，在日常生活有多少機會實際接觸，才是學習英語的關鍵。

假設父母在工作上會用到英語，或是孩子自幼在外國生活，在學英語時便可說具有壓倒性的優勢。待在把說英語當成常態的環境下，自然會為了適應這個「常態」而努力。

日本的經濟在這短短二十年內急速邁向全球化，而搶先一步嗅到這股趨勢的家庭，當然會讓孩子早早學習英語，這些孩子的英語能力也就比其他孩子優秀得多。覺得「會說英語很正常」的家庭會盡可能讓孩子接受雙語教育，但父母連「Ａ」都念不出來的家庭，怎麼會知道「英語有多重要」，何況英語能力也不是只憑在學校上課就能徹底學會，所以在這兩種家庭長大的小孩，英語能力的「格差」理當會一步步擴大。

此外下一章也會提到，能遠距工作的人通常是在資訊科技等產業上班的白領階級。但事實上就現況而言，在日本佔壓倒性多數的是怎麼樣也無法轉型為遠距工作的產業，因此我們無法否認，在這個疫情時代，只有少部分家庭能讓孩子得到充足的教育資源，其他家庭的孩子則難以獲得充分的教育機會。**孩子能享受多少教育資源取決於父母的能力，這樣的格差也隨著新冠疫情爆發而浮上檯面。**

家庭背景由於新冠疫情而突顯出來，因此形成了教育格差，如今正是透過政策弭平這項差距的時代。

才小學四年級，人生就已經定型了？

話說回來，早在新冠疫情爆發之前，日本的「教育格差」就已經默默成形了。在這約莫十五年間，東京、神奈川、大阪及其他都會區的家庭裡，有愈來愈多孩子想透過考試進入私立中學就讀。在某些地區，收入達到一定水準的家庭通常會讓小孩跳過在地的公立學校，改念私立學校。以私立的完全中學為例，念六年的學費往往超過四百萬日圓，但寧可選擇私立學校的家庭卻不減反增。

幾年前，我曾在東京下町老城區的中學指導實習老師，當時有件事讓我覺得很意外，那就是班上女學生的人數幾乎只有男學生的一半。我問了老師才知道，那一區的家長通常會讓女兒去念附近的私立中學，之所以這麼做，或許是認為這間中學不守校規的學生太多，「不想讓女兒就讀」。其實我也參觀了這所中學的上課情況——明明有好幾位老師在教室裡，男學生卻互丟橡皮擦、嬉鬧個不停，就算學生一直聊天，老師也完全不管，當下連我也覺得「看到這種情況，聰明的父母怎麼可能會讓寶貝女兒念這所學校……」。

近年來，被譽為日本最高學府的東京大學與京都大學的學生有許多都來自完全中學，這表示決定「學歷」的並非大學考試，而是中學考試。這些學生從小學就開始補習以準備考試，一旦成功擠進完全中學的窄門、又從偏差值較高的大學畢業後，就能進入優秀的大企業或高薪的外商公司工作，成為社會的「菁英」。

換句話說，能否在小學四年級時去上每個月補習費高達五萬日圓以上的中學先修班，將對之後的人生道路造成一定程度的影響，而這已逐漸成為每個孩子必須面對的現實。**父母的所得多寡會對孩子造成影響，進而再次拉大格差。**當這種「教育格差」在日本不斷擴散，十幾二十年之後，社會的階層便難以流動，說得極端一點，日本會自行走回階級社會的老路。

這種情況也出現在演藝圈與體育圈。過去許多偶像或運動選手的家庭環境並不理想，但如今從小開始投入資源訓練，已慢慢成為在這些領域嶄露頭角的必要條件。

日本女性通常會希望另一半的學歷比自己高。不少女性本身如果是大學畢業，就會希望另一半至少也要大學畢業，同是大學學歷的夫妻則會希望自己的小孩「擁有大學學歷」。反觀同是高中學歷的夫妻，因為不曾體會過有大學學歷的好處，所以與其幫小孩支付四年的學費，反而更希望孩子能在念完高中之後就早點獨立、外出工作，有些家長甚至不希望孩子念大學。

我在針對女大學生進行採訪後發現，近年來比起年薪，她們更在意另一半的「職業是否穩定」。過去有些女性會宣稱「年薪沒有一千萬日圓就不嫁」，但這種說法已成過往。這二十幾年來，日本的景氣持續陷入低迷，經濟長期通貨緊縮，因此能在二十五歲到三十五歲這段適婚期擁有如此高薪的男性也跟著銳減。

根據某間婚友社的調查指出，期望另一半的年薪介於五百萬～五百九十九萬與六百萬～六百九十九萬之間的未婚女性約有一半，但就現況來說，二〇一九年各年齡層的日本男性平均收入僅達五百四十萬日圓。日本國稅廳民間薪資實態統計調查也指出，二十歲至三十五

大學畢業生第一份薪水的變遷

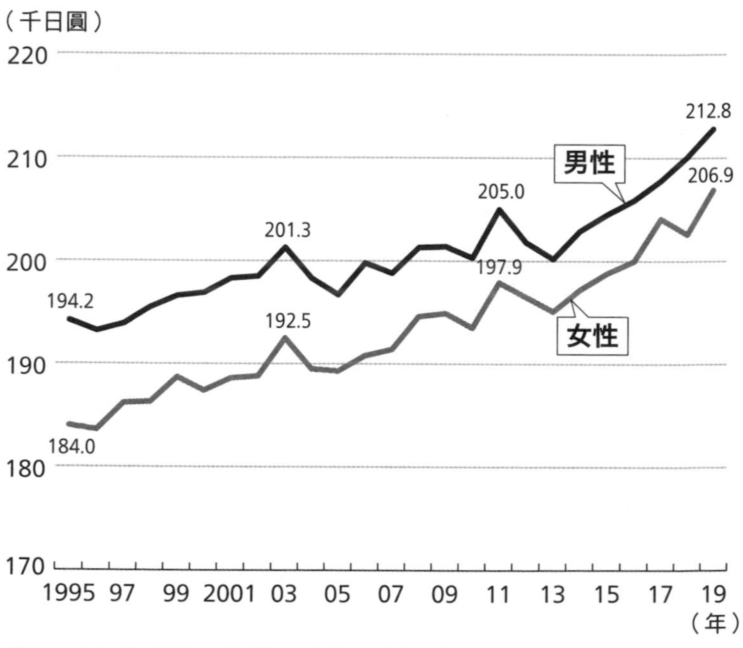

出處：日本厚生勞動省「薪資結構基本統計調查」

歲的男性年薪通常落在四百萬～五百萬日圓，雖然首都東京與其他地區的薪資水準有一定的差距，但即使是東京，年薪超過六百萬日圓的年輕單身男性也只有百分之三．五而已。

所以婚友社或是負責兩性媒合業務的地方政府部門，往往會透過諮商說服要求另一半是高薪對象的女性。他們通常會問「要求另一半年薪超過六百萬日圓」的女性：「如果出現收入只有五百九十萬圓，但其他條件都符合的男性，妳會怎麼做？」藉此勸女性調降年薪這項要求，畢竟若不降低標準，就沒有適合的男性可以介紹。

比起年薪多寡，想法比較務實的未婚女性通常更在意另一半的職業是否穩定。一來歐美的市場經濟已滲透日本企業，二來在企業徵才的限制放寬之後，非正職的勞工愈來愈多，於是職業穩定的公務員或銀行行員也成為了炙手可熱的結婚對象。許多年輕女性都希望婚後能維持和原生家庭一樣的生活，也希望擁有二次戰後日本典型的家庭型態——男主外、女主內，養育兩、三個小孩。若與職業不穩定的男性結婚，一旦另一半被裁員，生活將無以為繼，所以為了避開這類風險，才會希望與職業穩定的對象結婚。

近年來，就連「交友軟體」這種透過網路尋求邂逅的配對服務中，職業穩定的男性也顯得比較「吃香」。一般來說，若不是以結婚為前提的交友軟體，男性會員通常得付費才有機會與女性會員接觸，但如果是以媒合結婚對象為主要目的，那麼標榜擁有「眾多優秀男性會員」的配對服務，只要男性會員的年薪符合條件或者是大企業的正職員工，就不需支付任何費用，反而是女性會員必須支付入會費用。

教育格差導致大學遭淘汰

第一章曾提到，日本二〇二〇年的結婚人數與出生人數在新冠疫情的影響下雙雙銳減。二〇二〇年五月到七月，由醫療機關統計的懷孕人數比前一年同期減少了百分之十一。二〇一九年，日本有八十六萬五千兩百三十九名小寶寶出生，從二〇二〇年的速報值也可得知，共有八十七萬兩千六百八十三名小寶寶誕生，但是出生人數的確定值卻比史上最低的二〇一九年更低，只有八十四萬人左右，由此可知，就算新冠疫情平息，加速惡化的少子化問題隔年仍會持續惡化，這也是由於二十歲到四十歲的女性人口今後將愈來愈少。

一旦出生人數因為新冠疫情減少，將會產生什麼結果？那就是十幾年之後，日本全國的大學都得面臨一波淘汰潮。二次世界大戰結束之後的一九四七年到一九四九年被稱為第一次戰後嬰兒潮，而在這段期間出生的嬰兒潮世代，光是一學年就超過兩百六十萬人，到了第二次戰後嬰兒潮（一九七〇～七五年）之後，一學年也有近兩百萬人，所以出生人數八十萬，表示只有嬰兒潮世代的三分之一而已。

這項影響會在四年後這些小寶寶念幼兒園的時候浮上檯面，再慢慢向上波及小學、中學等學校。

我是在一九五七年出生的，這個世代的出生人數約為一百五十萬，當時還被認為這樣的數字太低，而如今在二〇〇〇年前後出生的大學生世代也已經不到一百二十萬人，顯示第二次戰後嬰兒潮過後三十年，出生人數減少了八十萬。雖然出生人數不斷減少，但大學的數量卻在一九九〇年放寬辦學標準之後陸續增加。一九八九年，日本的大學約有四百九十九間，大約三十年後的二〇一八年則達到七百八十二間，足足增加了一．五倍之多，因此大學的總名額多於報考人數，差不多在二〇〇九年時進入了「人人都有大學可念」的時代。

日本全國大學的總名額約為七十萬，在新冠疫情的影響下出生率不斷下降，導致十八年後的高三學生人數將不到八十萬人，與大學總名額只差了十萬。若從高中畢業之後改念專科學校的學生約有十九萬人（二〇一九年）這一點來看，報考大學的人數將遠遠低於大學總名額。

假設十八年之後，想繼續念大學的高中生與現在一樣佔六成，那等於只有四十二萬人會報考大學，但是大學的總名額卻多達七十萬個，此外，若再考慮本章提及的教育格差，我們很難斷言二十五年後想考大學的高中生比例會與現在一樣——屆時到底會有幾成的高中生想繼續念大學呢？

現在就無法招滿學生的大學到時候恐怕會被迫退場，東京大學、京都大學、早稻田大學與慶應大學這些國立或公立的名門大學，想必也會變得比現在更容易入學。這對考生而言雖然是好消息，但恐怕會有許多人因此失去母校，專科學校也可能變得更難生存。簡單來說，**當少子化的問題因新冠疫情加速惡化，將對日本的教育造成長遠的關鍵性影響。**

預見著這樣的未來，本章最後想要介紹一句與「教育」有關的名言。

「教育，就是一個人把在學校所學到的全部忘光之後剩下的東西。」

教育是不論身在何處都想求知的欲望。這項聽起來有些諷刺，卻又無比坦率的主張，是二十世紀建構相對論的理論物理學家愛因斯坦

（一八七九～一九五五年）提出的，這樣直抒教育本質的主張想必絕對不會被時代淘汰。到底什麼是教育？又有什麼東西是我們該傾盡一生學習的？在這個格差愈來愈顯著的時代，每個人都必須更有智慧地選擇要學習的事物。

第三章

工作格差

中產階級加速崩壞

三種格差浮上檯面

新冠疫情也讓在平成時代持續惡化的工作格差進一步擴大。

這類格差共分為三種。

第一種，是新型數位經濟相關的工作與傳統製造業或服務業之間的格差。由於前者能快速轉型為遠距工作模式，所以從事這類工作的人往往較不受新冠疫情影響。在美國，早已出現所謂的「遠端工作階級」，也就是不需通勤的族群，工作因此變得輕鬆，收入卻不會減少。至於後者，則是很難維持產值、收入又被迫減少的族群——因為新冠疫情造成消費者對產品的需求銳減。

第二種則是有無資產所形成的格差擴大，關於這一點，法國經濟學者湯瑪斯·皮凱提也曾經提出，認為物價穩定的時候，持有金融資產的人與未持有的人會逐漸拉開距離。在這場新冠疫情之中，有些人手中的股票因此上漲，資產也因而擴大規模，但只憑勞力維持生計的人卻過得非常辛苦，而且在遠距工作普及之後，住宅環境的優劣也確實造成了工作上的格差。

第三種則是深受新冠疫情打擊的觀光業與飲食業。因為這些產業通常需要大量僱用「非正職員工」才能維持收支平衡，而且與那些「能與新冠疫情對抗」的製造業或金融業不同，大多都是體質虛弱的中小企業，除了經營者苦不堪言，在這樣的業界中，非正職員工的工作機會也不斷減少，被解僱的案例時有所聞。二〇〇八年的雷曼兄弟事件亦曾導致許多在製造業服務的男性約聘員工被解約，而受到波及最嚴重的，莫過於在餐飲業與觀光業服務的人。根據日本政府的調查指出，在新冠疫情之下，失業的女性比男性人數還多。景氣好的時候，正職員工與非正職員工之間的格差並不明顯，但在疫情爆發之後，這項問題便再次受到關注。

這三種格差其實早在平成時代就已經出現，但在新冠疫情爆發

之後差距進一步拉大，也成了浮上檯面的問題。「該如何面對這些格差」，則是我們必須正視的課題。

必要工作者與遠距工作者

新冠疫情爆發後，社會上出現了一個新名詞「必要工作者」（essential worker）。所謂「必要工作者」，是指從事「必要工作」（essential work）的人，具體來說就是從事醫療及看護者，或是超市和藥局的員工、物流業與大眾運輸系統的從業人員，以及清潔隊員、郵差或公家機關的員工。他們的工作都「只能在特定的時間與地點進行」，往往冒著感染新冠病毒的風險。

另一方面，大家也都認識了「遠距工作者」這個名詞，指的是不需前往特定地點、不用特別進公司，在家就能完成工作的人。即便新冠疫情結束，這種因疫情而出現的工作型態想必仍會持續下去，「工作格差」便可能因此愈拉愈大，令人擔憂。

前面已經提過，日本的「中產階級」正因為新冠疫情而加速崩壞。民眾的生活會從小康跌至「貧困」多半是因為收入減少或失業，但是**當工作格差愈來愈明顯，最終收入格差與「生活格差」也會跟著擴大，無力維持中產階級生活的人也可能愈來愈多**。因此本章打算進一步說明因為新冠疫情而浮上檯面的「工作格差」。

由於新冠疫情爆發，導致「遠距工作」、「遠端工作」這類工作型態瞬間在全球普及。這種在家工作並透過電腦或平板開會及討論的工作方式，讓許多在首都圈工作的上班族省去通勤的不便，獲得更多可自由支配的時間，因此受到多數白領階級的歡迎。

二〇二一年一月，企業規模堪稱日本廣告界第一的廣告公司「電

遠端工作實施率變遷

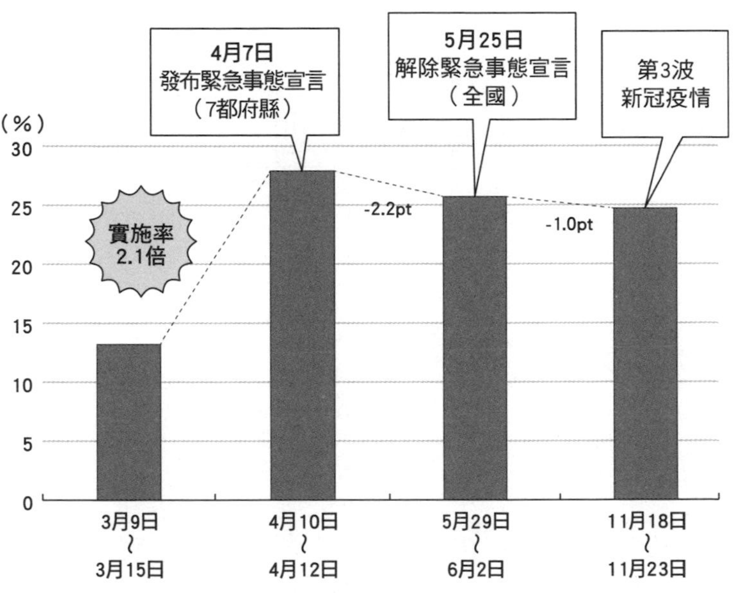

出處：PERSOL 綜合研究所「第四次・新冠病毒防疫對策對遠端工作的影響之緊急調查」

通」打算出售位於東京汐留的總公司大樓，這件事也被新聞大肆報導，而電通之所以這麼做，正是因為疫情爆發之後廣告收入減少，在首都黃金地段持有一幢總公司大樓實在太耗成本。後來許多企業也因為員工改成遠距工作而打算仿照電通，縮小在地價高昂的東京都心的辦公室規模。

其實對員工來說，不用每天擠電車花上一個小時通勤，待在家裡就能完成工作也是一大利多。因為新冠疫情爆發，原本住在東京都內或近郊的人紛紛移居其他縣市、每個月只搭幾次新幹線前往公司上班的工作型態也逐漸普及。許多人告訴我「就算遠距工作也能開會或討論事情」，乍看之下，新冠疫情可說是百害而無一利，但因為疫情而加速普及的這種工作方式，卻可能會在疫情結束後延續下去。

另外也有一些學生希望疫情結束之後能繼續遠端上課。

近年來，「日本人太過認真工作」所導致的過勞死問題及職場心理健康問題愈來愈受重視，這也成為二〇二〇年遠端工作引進後迅速普及的原因之一。一直以來，日本政府都要求各企業「改革工作型態」，讓員工有機會兼顧工作與生活，而這項改革也在新冠疫情爆發導致遠端工作普及之下，一鼓作氣加快了腳步。

必要工作者的困境

然而，當遠距工作普及之後，工作者之間也產生了前所未有的「新格差」，那就是**「可遠距進行的工作」與「不能遠距進行的工作」之間的格差**。

以來店消費為前提的餐飲業、娛樂設施、主題樂園、觀光業等服務業都無法以遠距的方式提供服務，而且在需要高度專業知識或國家證照才能從事的職業當中，也有許多無法轉型為遠距模式，例如醫療業就是其中之一。

服務病患的醫生、護理師、看護、看護中心的員工當然也無法遠距工作。要成為醫師、牙醫師、獸醫師這類專科醫師，就必須在大學的醫學系、獸醫系、牙醫系學習專業知識並通過國家考試，很多人對這些職業趨之若鶩，是因為收入高又穩定，社會地位也較高，但新冠疫情卻同樣讓這些需要專業的職業變得不再穩定。

除此之外，在二〇二〇年到二〇二一年一月這段期間，由於新冠疫情確診者不斷增加，開始有人擔心「會不會發生醫療崩潰的問題」，但是另一方面，許多醫院卻陷入門可羅雀的窘境，因為很多人害怕去了醫院之後反倒被感染而避之唯恐不及——之所以身體不舒服也不想上醫院，就是擔心會「感染新冠病毒」。另外，由於習慣定期就診的高齡患者更是不願意去醫院，那些靠著診療「非緊急病患」來提升利潤的醫院也因此面臨了收入銳減的威脅。

日本醫院會、全日本醫院協會、日本醫療法人協會這三個組織曾於二〇二〇年六月五日發表了「新冠疫情蔓延下醫院經營狀況緊急調查」的追加報告，指出在新冠疫情的影響之下，日本全國有三分之二的醫院面臨虧損。若是將範圍限縮至東京都，接受新冠患者的醫院有九成都出現虧損，在二〇二〇年四月的時候，醫療利益率已跌至近三成。不難預測的是，當新冠疫情愈拖愈久，中小型醫院也將因此倒閉。

遠距工作者的活躍

金融業、證券業、顧問業、內容製作業等以製作文件或處理資訊為主要業務的從業者，都能享受遠距工作帶來的好處，但是需要接觸他人或是面對面提供服務的看護、服務業，和建築業、土木工程業、工業等「製造業」或是物流業就無法轉型為遠距工作。

能否轉型為遠距模式的工作在「能否提升產值」這一點上出現了明顯的落差。

比方說，看護、製造業、物流這類工作都很難大幅提升產值——一名看護能照顧的高齡者人數有限；一條工廠的產線能生產的產品有限；一台卡車能載運的貨物當然也有限，所以就算技術再怎麼進步，也很難讓產值提升兩、三倍。

不過，能轉型為遠距模式的「資訊產業」便截然不同了。舉一個最簡單的例子，就是家用電動遊戲的世界。早期的電動遊戲都是將遊戲程式裝在ROM卡帶或CD這類具體的「載體」銷售，但近來的電動遊戲則能夠直接透過網路購買，所以遊戲製造商只要完成程式開發就幾乎大功告成，剩下的工作只是複製檔案並透過網路傳送而已，可以在幾乎不耗費任何成本的情況下，將商品送到大多數買家手中。簡單來說，便是要賣多少就能賣多少，這也代表**「附加價值高」、「複製成本極低」的資訊產業在邁向以遠距工作為主流的時代之後，產值**

將一飛沖天。

即使面對疫情，Google、Amazon、Facebook、Apple這些資訊科技業龍頭的利潤仍舊大幅成長。疫情爆發之後，全球有許多人被迫「待在家」，讓透過網路提供電影、影集訂閱服務的Netflix成為居家娛樂的選項之一，訂戶因此急速增加，不少公司也都給予員工史無前例的高額獎金。提供居家休閒娛樂設備的公司業績同樣不斷成長，例如在法國，高級音響這類商品就在民眾居家期間熱賣。

此外，因為疫情使得業績不斷攀升的還有提供「ZOOM」這類視訊會議系統或遠距工作服務的資訊科技企業。東京的大學與高中的老師或學校職員也都透過網路聯絡，視訊會議系統的使用者因此大幅增加。處理大量個人資訊的政府機關或企業則通常會因為安全性問題而採用獨立開發的線上會議系統，所以建構這類系統的資訊科技新創企業還是能不斷地讓業績有所成長，完全不受新冠疫情影響。

資產階級與無產階級的分水嶺

新冠疫情大流行之後，在二〇二〇年六月，美國新聞頻道CNN報導了一則令人玩味的新聞，那就是美國智庫政策研究所發現「在過去的三個月內，美國富裕階級的資產增加了五千六百五十億美元」，許多美國人明明都因為新冠病毒快速蔓延而遭受經濟上的打擊，佔少數的富裕階級卻反而資產大幅增加。

自新冠疫情爆發後，富裕階級的資產總額成長了百分之十九，金額達到三兆五千億美元，但是在美國正值勞動年齡的人口之中，每六人就有一點多人失業，亦即失業人口多達四千三百萬人，且申請了失業給付。民眾「蝸居在家」的時候便會透過網路購物，所以網路購物龍頭亞馬遜前CEO傑夫·貝佐斯的資產在當年三月至六月間增加了三百六十二億美元，也創下史上最高的紀錄。

二〇二一年年初，透過網路處理資訊的雲端服務蓬勃發展，這樣的現象也受到了注目。美國微軟（MS）於一月發表的二〇二〇年十～十二月財報指出，其淨利比去年同期增加了百分之三十三，金額約為一百五十四億六千三百萬美元，「刷新了單季最高紀錄」，而在業績方面則增加了百分之十七，達到四百三十億七千六百萬美元——一般認為是推出新型遊戲機所致。對「資產階級」來說，疫情本來就是增加財富的絕佳機會，也因此與「無產階級」之間的格差才會愈拉愈開。

富裕階級的資產之所以增加，其實還有另一項理由，那就是實體經濟雖然遭受疫情打擊，股票市場卻逆勢上漲。美國聯邦儲備銀行（FRB）透過大規模量化寬鬆的政策增加在市場流動的熱錢，而大部分的熱錢都流入股市，致使那斯達克綜合指數達到有史以來的最高峰，投資股票的民眾也因此大撈一筆。

至於在日本，日經平均指數在二〇二一年二月站上了三萬日圓

日經平均指數的變遷與主要事件

以收盤價為股價比較標準

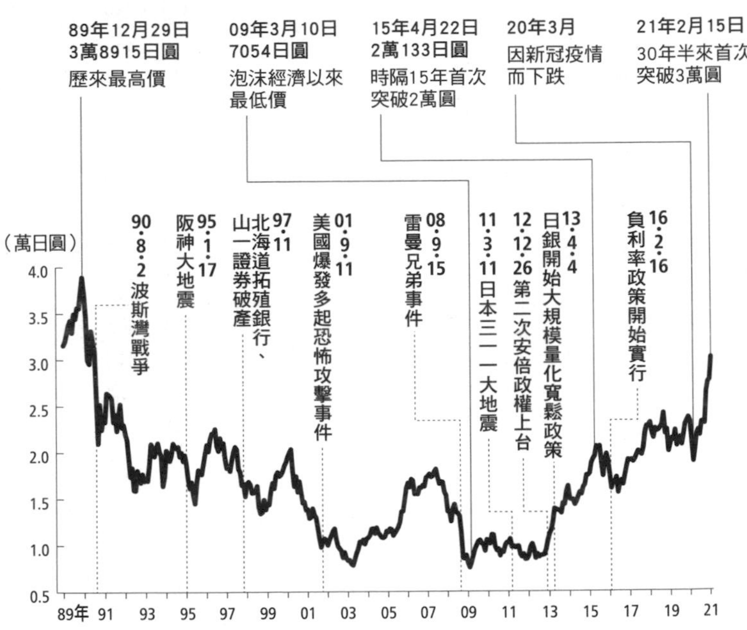

出處：《朝日新聞》早報，2021 年 2 月 16 日

大關，超越了三十年前泡沫經濟全盛時期的股價。雖然我並非財經專家，但我認為這代表資金流入了股票市場而未流向消費市場。

如今已是金融資本主義普及全球的時代，過往實體經濟與金融經濟嚴重乖離被視為一大問題，然而新冠疫情卻進一步讓兩者脫勾。這種現象在經濟學上稱為「涓滴效應」，意思是在富裕階級所經營的公司工作的人也因資金流入股票市場而受惠，資產會因為加薪或獎金而增加。

當遠距工作的模式普及，「從事何種職業」將決定每個人的財富是增加或減少，擁有程式設計等資訊產業相關技能的人，不管在哪裡工作資產都會增加，但出賣勞力的人卻很難轉換路線、跳槽到資訊業，因為這類業界需要高度的專業知識與技能。**新冠疫情導致美國出現了所謂的「遠距工作階級」（遠端工作階級），而這種新階級恐怕也會在日本社會慢慢形成。**

新冠疫情使得「資產階級」與「無產階級」之間的鴻溝愈來愈深。美國於二〇二〇年秋天舉行總統大選後，隸屬共和黨的現任總統唐納・川普敗給了民主黨候選人喬・拜登，激化了雙方陣營的對立，支持川普的極端分子甚至在隔年一月大舉闖入美國國會大廈，引發極為混亂的暴動，甚至出現傷亡，震驚全球。

此外雙方陣營面對新冠病毒的態度截然不同，不少川普的支持者認為「新冠病毒就只是感冒而已」，所以拒絕戴口罩，這也被視為疫情在美國不斷蔓延的原因之一。川普所屬的共和黨支持者向來以中小企業的經營者或律師、會計師這類自營業者居多，在這些支持者當中，有不少人認為振興經濟應該優先於控制疫情。而在日本，同樣有不少在資訊科技界獲得成功的新創企業經營者或知名的經營顧問在 Twitter 發表見解，認為「死於疫情的都是年長者，所以年輕人應該維持一直以來的生活，致力恢復經濟」，這也充分反映了他們的經濟活動與日常生活並未因疫情而遭受嚴重的打擊。

另一方面，被稱為「必要工作者」、維持民眾日常生活運作不可或缺的醫療從業人員與看護、零售業、餐飲業、物流業或是在大眾運輸系統服務的人當中，就算有不少因為疫情相繼蔓延而被感染，甚至死亡，其他人也還是得繼續工作，這部分已經在前面提過。在上次美國總統大選中，民主黨拜登的支持者以這類必要工作者居多，亦包括許多住在都會區的黑人族群。新冠病毒可說不僅直接導致雙方在經濟上的分歧愈演愈烈，也讓大眾的「價值觀」與「生活方式」產生分裂。

遠距工作造成的現實弊端

讓我們把話題拉回日本。

就算從事容易轉型為遠距工作的職業，但正如下一章將會提到的，要是住在狹小的空間裡，也沒辦法舒服地工作——令人意外的是，住處的格差也會對工作與家庭關係造成影響。

曾有一項調查指出，最受惠於遠距工作的正是獨居者。如果是有小孩的人，就算改成遠距工作的模式，恐怕還是備感壓力，尤其之前學校因為緊急事態宣言而停課時更是如此。此外，我也聽說過某個雙薪家庭中的孩子正在找工作，卻因為疫情的緣故導致父母與小孩搶著用電腦——因為夫妻需要視訊開會，小孩也必須透過網路面試。還有些人跟我說：「我家很小，三個人同時視訊開會的話，整間房子會鬧哄哄的，所以我都去咖啡廳或網咖工作。」

由此可知，就算家庭成員並未改變，居家空間的大小還是造成了新的格差，而且這樣的問題也很難馬上解決。直到二〇二〇年之前，應該都沒人想過上班族的居住環境居然會影響業績，甚至造成家人的壓力吧。在東京，四口之家通常住在二十坪左右、兩房兩廳有廚房的公寓，但這種原本不過不失的中產階級家庭型態的「問題」或「缺陷」，卻因改為遠距工作或上課而暴露無遺。換句話說，在遠距工作普及之前，每個人都是在「平等」的環境上課或工作，但是當遠距工作普及後，各自在生活中的格差就會反映在上課或工作上。

要是長久待在活動空間有限、一成不變的家中，也會產生有別於職場的壓力。一直待在家裡的話，能夠獲得的外部刺激通常比較少，運動量也會明顯下降。這些情況不只發生在正職的遠距工作者身上，也會發生在兼職或打工的人身上，比如對一週會出門打工幾次的主婦來說，除了可以貼補家用，還能緩解做家事或帶小孩所累積的壓力。前面也提過，小酒館或酒店是許多丈夫與單身男性喘口氣放鬆的地方，若用流行的話來說，就是所謂的「第三空間」（third place），但是對於那些跟辦公室同事或打工同伴聊天就能緩解壓力的人而言，因為疫情而不能進辦公室便可能成為某種精神傷害。

日本有些小酒館和酒店也以「線上陪酒」為賣點，提供在家一邊喝酒、一邊與螢幕上的女性聊天的服務，只是這類服務雖然一度蔚為話題，但等到非常事態宣言一解除便立刻消失無蹤。對於那些在花街柳巷尋歡的男人來說，到這些店除了與女性喝喝酒、聊聊天，更可以享受不同於日常生活的氣氛。因此真要說的話，在與家人同住的家中特地花錢隔著螢幕和酒店小姐喝酒的男人，恐怕是一個也沒有吧。

就現況而言，酒店的客人看似已經回流了。根據我目前正在進行的前測調查來看，與二〇二〇年一月相較，上酒店或俱樂部的人似乎減少了，但其實根本沒有多少變化，從這個數字也可以看出這些客人無法抵擋向外尋求溫柔鄉、紓解壓力的誘惑。

單身、已婚人士前往酒店或紅燈區的比例

「常去」、「會去」的人數統計

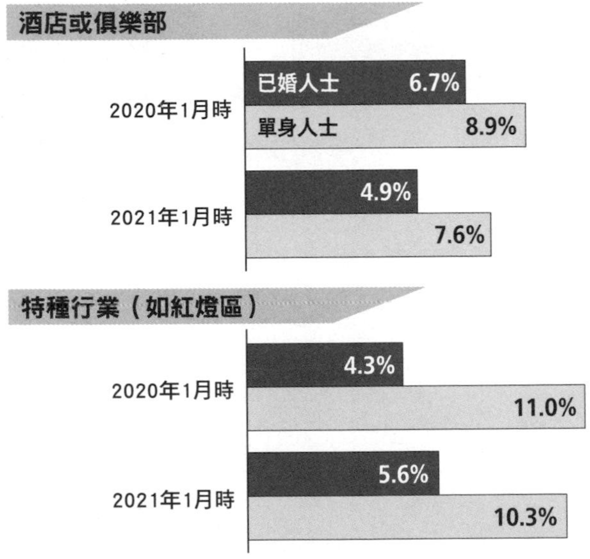

（2021 年 2 月調查，由日本樂天 Insight Sample 針對 20 ～ 59 歲的 554 名單身男性及 646 名已婚男性進行的網路委託調查，科學研究費序號 20H01581：關於與另一半親密關係變化的實證研究）

對於工作者來說，遠距工作普及之後產生的缺點還有很多。新的弊端之一就是偏向以「可見的成果」來評估工作績效。上司無法親眼看到遠距工作的部下的工作情況，所以往往只靠能夠量化的工作績效評估部下的表現，如此一來，那些在疫情之前備受肯定、負責在職場協調人際關係的員工，或是活躍職場氣氛、提升工作效率的員工就無法得到正確的評價，因為他們的貢獻都「難以量化」。

此外工時也是一項問題。可以居家上班的遠距工作沒有明確的上下班時間，所以反而容易導致工時過長，但這其實很正常，因為一直以來到公司「上班」都是最常見的工作型態——花上一小時左右的時間通勤，抵達職場之後轉換為工作模式，下班時間到了便離開辦公室，重獲自由。這種猶如生理時鐘的工作型態早已深植工作者的血液之中，可是有愈來愈多人在切換成遠距工作、家裡變成辦公室之後，不是無止盡地工作，就是反而完全不想工作，從白天就開始偷喝酒，使得遠距工作淪為「遠距不工作」。

僱主擔心的是導入遠距工作模式之後，員工的產值會一落千丈，所以在這種新的工作模式普及的同時，也在摸索新的「管理」方法。

其中之一，就是「遠端監視」員工。比方說，現在已經有協助僱主「一眼掌握員工遠距工作情況」的資訊科技服務，而這種服務也被譽為適合「在導入遠距工作之後，認為公司業績下滑的經營者」使用。具體方法是由ＡＩ透過電腦的鏡頭辨識員工的表情，自動記錄員工坐在電腦前的時間，錄製的影像還會上傳至伺服器，電腦螢幕的畫面也會被錄下來，以免資訊外洩。而隨機錄製的電腦螢幕畫面則會傳送給上司，藉此防止員工在上班時間瀏覽與工作無關的網頁——「看得到」居家上班的員工，正是這種服務的賣點。

能從遠端監視員工一舉一動的資訊科技服務還有很多，似乎已經有不少大企業採用。從給付薪水的經營者角度來看，也不難理解他們會希望在家上班的員工繃緊神經、專心工作，但是對遠距工作的員工來說，連待在家裡都要被監視「有沒有偷懶」，實在是一種無時無刻的壓力，讓人有種上司登堂入室、私人空間被闖入的感覺，產值反而可能因為這種壓力而下滑。

正因為遠距工作無法實際面對面，所以上司與部下「很難只憑過往的默契」溝通，這也是遠距工作不容忽視的問題之一。透過電子郵件或通訊軟體進行文字溝通的情況增加，導致當面對話時絕對不會發生的誤會跟著變多了。事實上根據報導，隨著遠距工作模式愈來愈普及，也出現了「遠距騷擾」這種新型態的職權騷擾。所謂的遠距騷擾，可能是被上司或同事抱怨視訊會議時小孩太吵、生活噪音太多；也可能是遠距開會比較容易敲時間，使得開會次數比之前來得多，或是為了一些原本不需要開會討論的事情而開會。

由此可知，遠距工作絕非百利而無一害。就現況而言，日本企業正式採用遠距工作模式的時日還不長，許多公司仍在摸索正確運用的方法。要建立員工與僱主都能適應的遠距工作模式，或許還需要一段時間。

如果遠距工作模式完全普及，孩子的職業觀也將產生巨大的變化。當孩子看到父母透過家裡的螢幕用英語與外國人交談，自然而然認為自己將來也會使用外語以及資訊科技產品工作，反觀那些父母的職業無法轉型為遠距工作模式的家庭，小孩便不太有機會看到父母工作的模樣，因此兩種家庭的孩子對工作的感覺想必會產生明顯的分歧。

遠距工作模式愈是發展，愈可能改變人們對住宅與土地的看法。在此之前，日本各縣市的年輕人在當地的大學或專科學校畢業之後，往往會進入總公司位在東京、大阪或名古屋這類大都市的企業上班賺錢，而這也是獲得「中產階級生活」的管道之一，但當遠距工作模式普及，「畢業後去大都市賺錢」的動機就會變得薄弱。這次的疫情揭露了一件經過科學實證、非常重要的真相，那就是「人口稠密的都會很難抵擋傳染病擴散」，事實上，由於新冠疫情爆發而死亡或導致重症的患者，都集中在東京和大阪等大都市。如果能在其他縣市以遠距工作的方式賺錢，應該會有不少人選擇離開傳染病蔓延或大地震等天災風險高的大都會，不會特地在大都市置產定居。

話說回來，這並不是一朝一夕就能改變的事。都會區畢竟是人口稠密的地方，維持都會生活所需的必要工作者也比較多，所以應該還是有人想要繼續住在大都市。「能遠距工作的人」可能會搬到都市近郊的鄉下，「不能遠距工作的人」則可能不斷往都市集中，選擇定居都市——人口結構或許會像這樣重組，這部分將在下一章的「地域格差」中進一步說明。

觀光業與餐飲業的勝負

在本章最後，我想談談新冠疫情對不同職業造成的影響。

各行各業的業績都因為這場疫情不斷下滑，其中遭受毀滅性打擊的，莫過於以近年來急速增加的外國觀光客為服務對象的觀光業。

在新冠疫情爆發之前，東京、京都、大阪這些大都市的外國觀光客可說是人滿為患，然而自二〇二〇年四月以後，這些大都市以及日本全國的觀光景點的外國觀光客都大幅減少了。由於觀光需求消失殆盡，因此日本旅館業、航空業所面臨的情況也變得十分嚴峻。

此外，大部分民眾都因為害怕被感染而盡量避免與他人接觸，所以餐廳、休閒產業、主題樂園的收益也跟著減少。又由於與他人接觸的機會減少，化妝品與服飾這類「著重外在」的商品賣不出去，銷售額一落千丈。

儘管有些產業因疫情而陷入困境，卻也有產業能維持穩定的業績，甚至逆勢成長。舉飯店業為例，以觀光客為主力的飯店的確陷入了經營危機，但是那些以日本上流社會為客群、防堵疫情不遺餘力的溫泉旅館卻盛況空前，預約得排到幾個月之後。換句話說，那些經濟能力許可的中高齡人士在不能出國旅行的情況下，便會選擇在日本國內消磨時光。

另一個較常見的情況是在二〇二〇年秋天到二〇二一年二月這段期間，有許多年輕的團體客到高級飯店或旅館消費，亦即原本要去外國畢業旅行的大學四年級生選擇將這筆旅行基金用在平常沒辦法去的高級設施，我還聽說有大學生在東京都心租下高級飯店的豪華蜜月套房舉辦畢業派對。這些年輕人絕對不會去租一般的商務旅館，因為他們是為了「留念」及打卡拍照才特地選擇高級飯店。不過這類消費也僅限於已經找到工作、畢業後立刻就能上班的學生，因此這樣的景象也可說是與其他大學生拉大格差的象徵吧。

即使是被要求自行縮短營業時間的餐飲業，有些店也能找到新商機繼續賺錢。比方說，某間老字號的高級串燒店由於實體店面業績一落千丈，於是將店裡講究的雞肉食材與醬汁、高級備長炭，以及消費者在家中陽台就能自行燒烤的卡式爐包裝成套販售，結果網路訂單紛紛從日本各地湧入，店家因此大賺一筆。這種能化危機為轉機、在疫情時代開創新事業的企業，顯然就能安穩地度過這段時期。

另一方面，在景氣遭受疫情影響的情況之下，有些經濟能力較弱的族群更遭受沉重的打擊。雖然日本政府在二〇二〇年向所有國民發放了十萬圓的補助金，卻也只是杯水車薪，拯救不斷增加的失業人口才是當務之急。

此外還有另一個值得深思的現象。那就是二〇二一年一月時，統計因新冠病毒死亡的人數超過五千人，但全日本於二〇二〇年死亡的人數卻比二〇一九年來得少（速報值：二〇二〇年／一百三十八萬四千五百四十四人、二〇一九年／一百三十九萬三千九百一十七人），這應該是許多人在避免感染新冠病毒之際，連帶躲開了流感或其他傳染病所導致，在家閉門不出的話，夏天也比較不會因為中暑而死亡。結論便是，當所有人都密切注意自己的健康，死亡人數也就會跟著減少。

日本的新冠病毒感染人數仍在增加，但從過去屢次爆發的全球性傳染病也可以知道，這場疫情應該會在這幾年內平息。到了那個時候，因為疫情而拉開的經濟格差會不會就此僵化、讓接下來的幾個世代都無法翻身？還是只要願意工作就能獲得衣食無憂的穩定生活？這就端看我們每個人對於這個社會的看法了。

第四章

地域格差

地域再造的生命線

地域社會的普遍性與必要性下滑

平成時代的地域社會有著不同面向的格差。直到昭和時期，日本的地域社會往往帶有命運共同體的色彩，每個人在相同的地域工作與生活，人際關係也代代傳承，但是進入平成時代之後所產生的變化——尤其是「人與人之間的經濟格差逐漸擴大」、「科學技術、交通與通訊方式的發展」——則讓地域社會的定義明顯改變。

下面就讓我們一起來觀察其中的格差。儘管日本的人口不斷減少，人流卻不斷湧進東京，在這樣的情況下，便出現了所謂「地方政府消失」的說法——這就是人口稠密、不見減少的大都會與人口不斷流失的鄉下之間所產生的格差。都會與鄉間、富裕階級居住的地區與貧困階級居住的地區於是開始漸行漸遠。

而地域社會的定義也產生了變化。在過去，地域社會被視為人際關係的核心，每個人都在同一個地域生活、建立各種關係。但是當網路購物變得理所當然、許多人透過社群網站（SNS）建立人際關係之後，就愈來愈不需要融入所處的地域，換句話說，不重視地域社會並不會帶來什麼不便，照樣能開心地建立人際關係。

那麼，這次的新冠疫情是加速或減緩了地域社會的變化呢？接著就讓我們進一步思考看看。

遷出人口高於遷入人口的首都

在新冠疫情的影響下，媒體開始以「新常態」（new normal）一詞形容人們在疫情期間的生活方式。前面提過，許多企業鼓勵員工居家工作，遠距工作模式也開始紮根於社會，隨之而來的便是從首都東京遷出的人口增加——自從疫情爆發之後，從東京遷出的人口就一直高於遷入人口。

根據日本總務省人口移動報告指出，二〇二〇年五月，也就是第一波新冠疫情來襲之後，東京的人口自二〇一三年開始統計以來首次出現「遷出大於遷入」。

長期以來，東京都處於人口過度稠密的狀態，人們往往為了娛樂與就業而湧入這座集結各種產業的大都會。然而，要在地價昂貴的東京買到理想的房子可說難如登天，所以選擇在東京近郊置產的家庭也驟增了。尤其在以戰後嬰兒潮為主要勞動力的經濟高度成長期，包括千葉、埼玉、神奈川以及通往都心的路線上，出現了一排排獨棟建築與公寓，形成一大片「新市鎮」。在近郊買一間供一家人居住的房子，再花一、兩個小時通勤前往東京都心上班，正是許多日本上班族的生活寫照。其中有些通勤路線的電車載客率甚至高達足以出人命的百分之兩百，這幅日本特有的通勤景象更曾登上外國媒體。泡沫經濟瓦解之後，在都心周邊地帶擁有一戶公寓的趨勢就此形成。

不過，這股趨勢也在新冠疫情爆發後產生了變化。為了落實「零三密」[12]，許多人都不願搭乘客滿的電車，也不想到辦公室上班，更出現了「進公司上班的比例減少七成」、「與他人接觸的比例減少八成」這類目標。這對通勤時間很長的人來說絕對是一項好消息，因為他們再也不需要浪費時間通勤，聽說許多人的身心負擔因此一口氣減輕不少。

然而當中其實也隱藏著意想不到的陷阱，那就是都會區的居住空間太小，很難騰出足夠的工作空間。在孩子吵吵鬧鬧的客廳工作會讓人心煩意亂；在寢室或窩在小小的兒童書桌工作，也很容易腰痠背痛……第三章已經提過，不管男女都覺得「只要孩子在家就沒辦法專心工作」。

於是有人開始設想：「如果遠距工作模式就這樣成為社會常態，那就沒必要繼續住在房價高、空間卻狹小的都會區。」

假使想在週末享受自己的興趣去衝浪，不妨選擇住在海邊，又

12 零三密：日本官方為防堵新冠疫情所提出的宣導指令，指避開密閉空間、避免人群密集、避免密切接觸。

或是住在小孩得以開心成長的大自然，當然也可以選擇住在能從事農務的地方，滿足個人的嗜好。如此一來，人們不再需要被綁在「職場附近」，還能重新檢視自己的生活型態。**一旦能夠自由選擇「工作方式」，許多人便開始遷離東京都。**

其實我本身也已經習慣在外縣市的家裡工作。我所服務的大學如今已以遠距教學為主，寫作工作也在落實「新常態」之際幾乎都改成線上作業，原稿只需以電子郵件寄送，要和編輯開會討論時也只要透過視訊會議系統即可，所以我已經不太需要一直待在東京。

我身邊有不少情況相同的朋友，此外如今更出現了「workcation」這種在自然環境下「邊工作邊度假」的工作模式，「鄉間」也因此變得更吸引人。

但要注意的是，我們不能樂觀其成地認為「接下來是地方創生的時代」或「地方重組的時代」——這究竟是為什麼？接著就讓我們一起思考其中的理由以及今後的趨勢吧。

是否有讓人得以度過人生每個階段的環境？

在思考如何面對地域人口流失之前，有件事必須先釐清，那就是「地域經濟力格差」的問題。

城鄉人口失衡最大的理由當然是「出生人數下滑」以及「人口外移」，換句話說，就是新生兒太少或是成長到了一定年齡就遠走他鄉，甚至再也不回來。

日本過去曾有一段時期常會聽到「回流就職」一詞，也就是去都會念書，之後回來故鄉就業的意思，還有人是在都會求學與就職，直到婚後再返回故鄉。

不過這幾年比較常見的情況卻是「離鄉背井，再也不回來」——為什麼他們不回故鄉呢？是「不想回去」，還是「回不去」？

答案恐怕「兩者皆是」。理由很簡單，就是故鄉沒有能讓人度過人生每個階段的「環境」，例如能賴以為生的「工作環境」、能讓小孩好好學習的「教育環境」、能融入在地社群的「社群環境」、能輕鬆購得日用品的「生活環境」、危急時能緊急就醫的「醫療環境」等。

上述環境缺一不可，亦即真正重要的是能滿足各年齡層的「環境」。尤其希望「人口增加」的話，不光是單身者，還得吸引有小孩的夫妻遷入，但是故鄉有讓他們放心養育小孩、融入在地社群並度過餘生的穩定「環境」嗎？想要讓他們永遠留在故鄉就必須解決這些問題。

從這項觀點來思考，期待從都會回到故鄉的人所重視的到底是什麼呢？年輕世代重視的應該是「教育環境」，中高齡世代重視的則是「醫療環境」。在前述環境中，賴以為生的「工作環境」問題已經因為新冠疫情而開始得到解決，因為只要是能遠距工作的人，就算是在沒有任何產業或企業的地方也能正常工作（前一章已經提過，只有少部分上班族能夠遠距工作，其他人要想自由地決定住處，則必須從別的觀點切入）。

至於另一個「融入在地社群」的問題，也隨著社群網站的發展逐漸改善，讓回到故鄉的人更容易融入在地社群。如今就算突然要從住慣的東京調職到外縣市，只要社群網站的人際關係還在就不會特別感到寂寞，也能獲得各種資訊。要是在以前，一旦被調到外縣市，就得想辦法在陌生的環境結交新朋友、融入「在地社群」，否則就會覺得孤獨或不便，現在則已經有 Facebook、Twitter、Instagram、Line 這些「社群環境」可供運用。

然而，**在上述環境中，最難找到替代方案的就是「教育」與「醫療」**。

首先讓我們來思考「醫療」的問題。自從新冠疫情爆發後，線上看診的模式愈來愈普遍，若是持續發展下去，就算是醫療量能不足的地區，年長者也不需要再浪費大把時間到醫院看病，更不需要一直待在候診室等叫號。許多上了年紀常見的慢性病也只需要定期線上回診，不一定非得面對面接受醫生的診療。

只不過線上看診再怎麼進步，在生病、遭逢意外或某些疾病突然發作時，能立刻提供實際診療的環境還是非常重要的，尤其對小孩常常生病或有年長者的家庭來說，醫療環境是否完善是最切身的問題。能否及時得到「醫療照顧」，可說是決定移居的重大因素。

高學歷者的出生地

接著要討論的是「教育環境」，這部分已在第二章〈教育格差〉中提及。大部分的家長都希望小孩至少要接受與自己同等級的教育，現今的日本社會表面上雖然是「平等的」，實際上生活環境與工作環境卻取決於所受的教育水準，因此一輩子能賺到多少薪水往往是固定的，而這種「階級社會」也已經在前面提過。

日本東京大學每年都會公布「學生生活實態調查報告」，是一份與東大學生的生活、家庭、學習情況、求職現狀有關的調查報告，其中同時記錄了學生家長的所得概況。二〇一八年度的報告顯示，東大學生當中有相當高的比例來自高所得家庭，即約有百分之七十四來自家戶所得超過七百五十萬日圓的家庭，家戶所得低於七百五十萬日圓的只佔整體的百分之二十六左右，而家戶所得低於四百五十萬日圓的則只有約百分之十三，不得不說，這項事實確實令人感到衝擊。

但這並不代表只有在高所得家庭出生的小孩才念得起學費昂貴的東京大學，畢竟就算大學學費很貴，獎學金制度相對地也很完善——問題的癥結在於從小就能花大錢去補習的人才有機會擠進東大的窄門。

既然其他章節已經闡述過「教育格差」的問題，在此就不再贅述。本章想提醒大家注意的是東大學生的出生地，在這些東大學生當中，約有七成來自關東地區。

日本各縣市都有優秀的國立大學，東京大學也並非唯一的終極目標，但知名的國立或私立大學都集中在東京卻是不爭的事實，更重要的是，有名的國立和私立高中、中學、小學甚至大型補習班也都集中在東京。

從這樣的現況來看，因新冠疫情而考慮移居外縣市的家庭，便可能會進一步評估其教育環境是否完善。

我有位朋友住在東京二十三區中學風特別興盛的文教區，卻由於新冠疫情爆發而決定全家前往離島「留學」一年。他認為繼續留在人口稠密的東京都心，小孩也沒辦法開心地長大，所以才想移居到能盡情接觸大自然的地方，每天欣賞壯麗的自然美景。

當城鄉人口失衡的問題愈演愈烈，在兒童人數銳減、公私立學校都可能廢校的情況下，地方政府往往提倡讓孩子離開東京都心到外縣市「留學」，而這樣的「移居」策略正是一種獨特的雙贏模式。

然而，家中有小孩正在就讀小學低年級的朋友告訴我：

「就算在小學低年級的時候書念不好也不用太擔心，只要在一年的『留學』生活結束之後，回到東京再去補習就好了。」

的確如此。換句話說，能盡情接觸大自然的環境固然吸引人，但孩子的「教育」也不容忽視，這才是家長的真心話。希望小孩「在大自然的懷抱中健康成長」的家長能不能在孩子長大後繼續堅持這樣的方針仍是未知數。

我有時會看到藝人將活動據點轉移到國外的新聞，如果是有小孩的，幾乎都會異口同聲地表示「這是為了孩子的教育」。包括倫敦、巴黎、新加坡、澳洲、加拿大……雖然他們移居的地點各不相同，卻同樣都是教育水準較高的國家。這或許能看成他們對不斷沉淪的日本感到失望，並為了追求國際級的教育水準而決定前往更好的環境。

由此可知，要想實踐地方再生或遏止城鄉人口失衡，就少不了「教育」層面的考量。不過，如今已無法在人口稀少的地區創辦大型教育機關，日本的人口接下來肯定會持續減少，就連期待地區活化而於全國各地創立的大學也將陸續退場。在這個要擔心自己就讀的大學十年後就消失的時代，隨便在人口稀疏的地區創辦教育機關絕對是有勇無謀的做法。

但這不代表未來沒有任何希望。自從新冠疫情爆發之後，「教育」與「地區」的關聯性似乎也出現了變化。這幾年來，教育搭配科技的EdTech（Education×Technology）領域逐漸發展，許多能透過智慧型手機、電腦、平板學習的線上補習班、遠距家教、自學App都如雨後春筍般出現。

此外，一些特殊的學習環境也跟著誕生，例如由角川DWANGO經營的網路通訊教育N高等學校或是請來世界一流知識分子任教的密涅瓦大學等，前者可在家透過網路學習，後者則可每年往來不同的國家、住在當地的學生宿舍讀書，使得「教育」不再受限於「場地」。簡單來說，**十年後，「東京就象徵優良的教育環境」這般既定印象或許也將瓦解**。

其實就現況來看，線上課程並非萬靈丹。日本的大學在新冠疫情爆發後全面改成線上課程，的確帶來一些好處。原本要在東京就學的外縣市學生都得掏腰包租很貴的房子，但隨著疫情蔓延，變成待在故鄉就可以接收東京都內大學的課程，也不需要花大把時間通學，我還聽說那些原本在實體授課時不太發言的學生，在改成線上課程後就變得踴躍發問。

但這樣的線上課程也有缺點。比方說，大學一年級新生交不到朋友，可能因此出現心理層面的問題，且教師的負擔也會增加不少，不僅得確保線上課程的品質，也很難進行分組討論。此外沒人使用的校舍同樣需要有人維護，改成線上授課學費也沒有比較便宜等等。

除此之外，大學之所以能改成線上課程，理由在於學生都已經二十歲上下，擁有基本的學力，也懂得操作科技產品，而且是可以在家自主學習的年紀，反觀小學低年級生就很難跟著這樣做，所以政府與民間就必須依照不同的年齡層開發適當的教材以及線上課程的教學方式。

勝出與落敗的地區

我有位朋友在新冠疫情爆發之後，原本想從東京搬回外縣市的老家，但在與公司確認之後被告知「原則上是遠距工作，但一週還是請進來公司一、兩次」，加上他們是雙薪家庭，只要孩子一發燒，學校就會立刻請家長到校接人，要第一時間從東京搭新幹線趕回老家，實在是不可能的任務。此外，他們也很擔心發生重大災害的時候會沒辦法趕回家，因此經過一番深思熟慮，最終放棄搬回老家。由此可知，就算遠距工作模式確實成形，只要沒辦法保證百分之百遠距，就很難搬到偏遠的地區生活。

疫情爆發後，遷入人口增加的是埼玉、千葉、神奈川這些都市近郊，這也反映了前述的說法。其中又以神奈川縣的逗子、鎌倉等湘南地區特別受歡迎，聽說有不少人在那一帶尋找中古屋。當地是風光明媢、四季分明的地區，雖然每天通勤的話會有點辛苦，但一週進公司一、兩次倒還算可行，所以才會特別受歡迎。此外和東京有一段距離，但可搭乘新幹線輕鬆往返的輕井澤或熱海等地也很受歡迎。

這些地區可說完全符合了前面提到的條件，對長期住在東京的人來說並不算陌生，又是依山或傍海、自然資源豐富的地方，還有餐廳、咖啡廳、旅館等娛樂設施可供使用，習慣外來觀光客的在地居民也不會排斥外地的移居者，甚且一旦發生意外，仍可以隨時趕到東京。常去的診所、商店，以及劇院和美術館之類的文化娛樂設施也能隨時前往——沒錯，在疫情爆發後，那些想移居到外縣市的人最重視的就是能否很快趕回東京。

話說回來，這樣的傾向也並非現在才開始。進入經濟高度成長期之後，能否快速抵達東京都心這一點便備受重視。在把加班當成常態的日本社會，「住在公司附近」甚至成為必備條件，因為這麼一來，就算下班時趕不上末班車，也還是有別的辦法可以回家。因此在交通方便的鐵道沿線買房子便是最理想的選擇。

連接郊區衛星都市與都心的電車路線雖然有很多條，但搭乘急行與特急電車[13]的乘客特別多。早上得在每站停車的客滿車廂內站上四十分鐘才能到公司的地區，和可以在起點站悠哉坐著、二十分鐘就到公司的地區，你會選擇住在哪裡呢？要是每天都能省下二十分鐘的通勤時間，人生或許將會大不同。

在大肆開發快速與急行電車終點和起點的站前廣場後，往往出現許多公寓大廈、車站共構大樓、超市、咖啡廳與家庭餐廳，一片欣欣向榮，而培育電影院、市民活動中心、健身房、展演空間這類都市近郊特有「文化」的地區也愈來愈多，車站附近的房價當然因此不斷攀升，這樣的傾向也延伸到了新幹線車站周遭。

當來自都心的人口不斷遷入，該地區的財政就會變得充裕，也可能會有著名的作家或演員移居，當地的「在地文化運動」便會愈來愈蓬勃，因而出現了所謂「勝出」的地區與「落敗」的地區。

13 急行與特急電車：相當於台鐵的莒光號與自強號。

過去當然也有所謂「勝出／落敗」的地區，畢竟自古以來就有「我們這邊與他們那邊不同」這種只有當地人才有的默契。即使在同一個縣市，公司行號、商店、醫療機構、文化設施也往往集中在縣廳周遭，其他地區的地方政府於是可能因此消失。

然而今後，將出現與傳統的區域或價值觀完全不同、在疫情爆發後「勝出」與「落敗」的地區，其中最明顯的**不僅是人口的增減，還有文化與產業面向的「勝出／落敗」**。除了個人層面之外，企業或許也得為員工增設邊度假邊工作的設施，於是出現了能滿足這些需求的地區，以及無法散發新魅力的地區。

在地社群消失的結果

接著必須重新思考的，是所謂「地域社會」的問題。進入令和時代之後，我們正面臨傳統都會區與各縣市都在發生的「在地社群」衰退的現象，下面就根據這項前提一起思考地域的新樣貌吧。

在過去，每個人的一生都與在地社群息息相關。在當地長大成人、就學、邂逅另一半、結婚生子、邁向老年與死亡，生命循環與在地社群就像命運共同體一般緊密結合。

當時人生的每個階段都必須和鄰居守望相助，一旦某戶人家有婚喪喜慶，當地女性就會紛紛前往，幫忙煮飯與處理雜務。要是遇到夏季、秋季慶典或冬天的搗餅祭、春天節分的撒豆活動，整個地區都會參與，地方仕紳也會負責主持。青年會組織消防隊、保護地區安全；每家每戶的媽媽則會透過家長會觀摩孩子的學習情況，或肩負導護工作、守護孩子的安全。

這些地緣關係得以發揮應有機能，全是基於「生於斯，長於斯」的前提。自父輩開始彼此就是世交，打從自己還在包尿布的時候就受到身邊這些大人有形無形的「照顧」，所以等到長大成人之後便輪到自己照顧下一代——這就是一切都會「守望相助」的社會。

隨著時代變遷，人口的流動變得更快，尤其在進入經濟高度成長期之後，許多人往往因為求學或就職而離開土生土長的故鄉。

這些離鄉背井的人最終會在另一片土地建立新家庭，並融入在地社群。就算單身時是住在一般公寓，新婚的時候也會改租公寓大樓，最後總算能在郊外買下夢想已久的房子，然後就在那裡養育下一代，度過餘生。雖然不是「土生土長的故鄉」，但在當地建立人際關係的世代，確實早在幾十年前就已經存在。

「要在這裡生活」的覺悟強力支持著住在當地的人。搬來的人會去鄰居家打招呼，搬走的人也會受到鄰居歡送，當時可說是「遠親不如近鄰」的時代。

這種地緣關係應該是在一九九〇年代後半至二〇〇〇年代之際改變的，因為當時的社會出現了兩大「變化」，**一項是「移動變得自由」，另一項則是「通訊方式變得自由」**。

日本在邁向人口減少的時代之際，同時進入了漫長的通貨緊縮時期。費用低廉卻能一手包辦的搬家公司愈來愈多，適合年輕族群租借的房子與共享住宅也在此時誕生，移居他鄉的門檻因此瞬間降低不少。

「通訊方式變得自由」，則是由於行動電話與網路問世。在此之前，只能透過市內電話或書信與遠方的親友聯絡，但是當智慧型手機與電腦問世、社群網站愈來愈發達後，人與人之間的交流就變得更容易。哪怕是心血來潮，也能隨時與遠方的朋友透過螢幕談心。Amazon這類網路商店也快速增加，人們甚至不用非得在居住地買東西，與在地社群的交流於是變得不那麼必要。

這兩項變化讓每個人都可依照生涯各個階段自由選擇想住的地

方。只要在網路搜尋，就能立刻取得所有地區與房屋的資訊，想搬家就可以搬，住不慣也能隨時搬走。現今也有人提倡同時租借共享住宅或民宿、擁有不同居住地的多據點生活，一生在不同的土地生活已經成為常態。

如今已是能隨著人生階段或心情隨時搬家的社會，所以「在地社群」的型態也慢慢產生了變化。現在還有多少年輕世代會在搬家之後加入在地的町內會[14]、參加每一季的活動，並積極與不同年齡層的鄰居交流呢？簡單來說，「在地社群」的機能與價值觀已經在現代社會消失無蹤了。

14 町內會：類似里民共組的組織。

「住宅大富翁」無法發揮作用

前述這樣的現象可以解釋為傳統的「住宅大富翁」已無法發揮應有的機能。三十幾年前曾有所謂「一般上班族的人生軌跡」，也就是不管是男是女，只要知道對方的年紀與職業，就不難想像他住在什麼樣的地方、過著什麼樣的生活。

之所以能夠如此，在於大部分的日本人都參加了被稱為「住宅大富翁」的遊戲。小時候住在「老家」，十幾二十歲的時候改住「學生宿舍」或「一般公寓」，二十幾歲結婚後就住在「公司宿舍」或租來的「公寓大樓」，到了三十幾歲則蓋一間屬於自己的「獨棟住宅」，走向這個遊戲的終點——這就是「住宅大富翁」的完整路線。

這種「住宅大富翁」的特徵在於決定參加遊戲的人原則上都能抵達終點，只不過有些人會早一步順利抵達，其他人在過程中則會有些迂迴，這除了關乎個人努力，也與骰子丟出幾點的運氣好壞有關，所以有人可以二十幾歲就在東京買房子，有人則要等到年近五十歲才有辦法在郊區置產。但不管速度與等級差多少，「大富翁」畢竟是一種遊戲，不管怎麼樣，玩家最後基本上都能抵達終點，這也是日本自經濟高度成長期到一九九〇年代的景象。

但是到了平成時代泡沫經濟瓦解後，「住宅大富翁」的遊戲規則便無法發揮應有的機能，許多人在玩到一半便遭到淘汰，有些人則是自以為抵達了終點，沒想到卻在下一秒被送回起點，整個人生像是出現遊戲漏洞般瞬間歸零。新冠疫情爆發之後，好不容易買下房子的家庭因為失業繳不出房貸而被迫脫手；認真工作的人被開除，只得請領「生活津貼」，甚或淪為「流浪漢」，這些令人難以置信的例子時有所聞。

另一方面，愈來愈多年輕人不再把擁有自己的房子當成人生目標。在此之前，不想買車的年輕人變多這件事曾一度成為熱門話題，因為與其花錢保養車子、租停車位，還不如租車就好。年輕人不再愛慕虛榮，而懂得務實地規劃自己的人生，當這種想法進化之後，不想買房子的人也就愈來愈多。

「一輩子租房子還比較快活」、「全家一起住共享住宅也不錯」、「不想一直住在同一個地方」等等，如今已是充斥著多元選項的時代。

當「不想一輩子都住在這裡」成為多數派，在地社群便難以維持下去。要是自認「只是過客」、「不確定會住到什麼時候」，就不太會積極與在地人交流，也不會參與志工活動或福祉協議會[15]之類的組織，於是「只有一直住在當地的老人家」會負責舉辦慶典或相關活動，成為每個地方政府面臨的困境。東京某處的高級出租公寓曾經為了吸引附近的大學生而提供破盤價，但入住的條件就是必須「參加在地的慶典與志工活動」，畢竟要是不這麼做，這些在地活動就無法繼續舉辦下去了。

另一方面，在地的糾紛卻也愈來愈多。過去在地方上，居民之間

15 福祉協議會：日本為了改善社會福利而組成的非營利民間組織。

的問題大多是靠鄰居彼此溝通解決，但現在的人則都是直接去公家機關申訴，愈來愈多人認為地方政府或相關機構理當得解決這些在地的糾紛。

事實上，許多人平常與在地社群就很疏遠，所以一旦發生糾紛，根本不知道「該去哪裡找人商量」。記得幾年前還曾發生抱怨鄰居太吵反被懷恨刺傷的案件，不知道該怎麼與「住在隔壁的陌生人」溝通因而發生糾紛的例子也有增無減。

在「住宅大富翁」這個遊戲無法發揮應有機能的在地社群中，具備「在地意識」的當地人與「疏遠在地社群」的新移民之間會出現明顯的落差，因此今後探究地域社會存續的樣貌時，也必須納入上述這些因素才是。

富裕階級外移與貧困階級滯留

傳統在地社群的特徵之一，在於不同階層的人都住在同一塊土地，不管男女老幼都住在同一區，換句話說，經濟相對寬裕的家庭與貧窮的家庭、健康的人與生病的人，大家都生活在一起。儘管自古以來就有相對富裕的地區和集合式住宅林立的貧困地區，但放大範圍來看，整個地區仍舊是由來自不同階層的人所組成的。

經濟能力較強的家庭能在發生重大變故的時候伸手援助貧困的人，也能在地區發生糾紛之際協助仲裁或主持公道，亦即「健康而富足的人」可以幫助窮人，「貧窮又生病的人」則可以在眾人的守護與一點點善意的支持下過活。換句話說，「能提供幫助的人」與「接受幫助的人」生活在同一個地區，才是「在地社群」應有的樣貌。

然而，現在的社會型態卻是以階層來劃分地區，也就是「富人區」

與「貧民區」涇渭分明。

過去曾有日本出版社推出《「東京 DEEP 導覽」精選 讓人避之唯恐不及的首都圈社區》[16]（逢坂 MASAYOSHI、DEPP 導覽編輯部，駒草出版）一書，主題為「徹底調查四十五條電車路線與七百一十八座車站的社區在地資訊大全」，當年轟動一時。這類書籍之所以能引發話題，在於不同的車站與路線分別代表著當地居民的階層。大部分的人都不想與不同「階層」的人住在相同的區域，這種想法也慢慢普及，本章雖然介紹了外縣市與東京都會的對立構造，但將範圍縮小至東京內部，還是能看到「富人區」與「貧民區」各成一區的情況，有錢人紛紛開始從「貧民區」遷出。

三十幾年前充滿活力的下町老城區，如今變成只剩老人家居住的社區，這樣的例子所在多有。而過去的「新市鎮」現今也遭遇人口流失的問題，導致公園只剩下老人家，有些地區的治安甚至愈來愈差。

此外日本公營住宅的居民絕大多數都是年長者。在過去，大部分

16 原文書名為《「東京 DEEP 案内」が選ぶ 首都圏住みたくない街》，駒草出版，2017 年。

的人都只是把公營住宅當作暫時的棲身之所，只要存夠了錢就會另尋住處，但現在一輩子住在公營住宅的人愈來愈多。

根據「家戶基本人口數、人口動態與戶數」（平成三十年度／日本總務省）的資料顯示，日本公營住宅管理戶數約佔家庭總數的百分之四。若將範圍限縮至東京，一般住宅的平均房租為八萬九千六百日圓，而都營住宅的房租只要兩萬三千日圓，其中約有六成住戶是六十歲以上的長者，平均居住年數也不斷拉長。一般住宅的平均居住年數幾乎都在十二年以內，但在公營住宅卻拉長至二十年內，其中許多家庭不只居住二十年，而是長達三十年、四十年甚至五十年，等於超過一半的人生都住在公營住宅。

造成這種現象的原因是「少子高齡化」與「日本貧困化」，而這也是「地域格差」的表徵。

我有個朋友是中小企業的老闆，過去曾住在下町老城區，但約莫十年前，妻子向他表示「想離開這個土生土長的地方，搬到文京區」，主要是「為了孩子的教育著想」。

前面已經提過，我曾去拜訪位在下町老城區的一間公立中學，發現明明是男女合校，但男學生的人數卻是女學生的一倍，因為當地的女學生有一定的比例就讀私立中學。

其實這個插曲當下讓我感到很意外，因為曾有一段時間，想讓小孩就讀私立中學的家長紛紛移居學風鼎盛的文教區，讓孩子從中學就開始念私立學校。這可不是一時興起的事，而且沒有一定的經濟能力也做不到，假設中學、高中與大學都念私立學校的話，學費絕對超過一千萬日圓，除了學費之外，還得另外花錢購買學校指定的制服與書包，以及所有人都要繳納的學雜費，遑論私立學校才有的昂貴畢業旅行與交際費用。就算只是小學四年級的學生，光是上私立中學先修班的補習費一個月就差不多要五萬日圓，所以上中學以前，在小學階段就得支出近兩百萬日圓的補習費，要讓小孩讀私立學校的家長都必須有這種心理準備。

不過，希望自家小孩就讀私立中學的可不只有經濟寬裕的家庭。即使經濟能力不允許也硬要送小孩念私立中學的家長，通常是害怕第二章提到的**「教育格差」造成日後的「經濟格差」**，更何況近年來完全中學非常盛行，許多優質的公立學校也轉型為完全中學，若不讓小孩從小學就上補習班準備中學的考試，恐怕連報考理想的高中都沒辦法。這種種焦慮都令許多家長急著讓孩子從小學就開始補習。

這樣的現象尤其常發生在有女兒的家庭。或許是因為家長期許兒子能憑一己之力在社會闖蕩並改變現況，卻希望女兒別過得太辛苦，最好能與家境不錯的對象交往。

我到那間公立學校進行教學觀摩的時候，發現許多學生會在課堂上互丟紙團和橡皮擦，雖然原本就沒能就讀私立中學，但要是這種不光彩的事情傳出去，他們心裡或許還是會感到難過，也會欲振乏力吧。

教育與年薪、地價之間的關係

有份資料證明了經濟條件與學力之間的正相關。日本國土交通省的「住宅市場動向調查」（令和元年度）指出，每個人在租房子的時候最重視的是「房租」與「地段」，接著就讓我們從這個觀點來瀏覽下列資訊。

在日本全國的行政區之中，每坪房租由高至低的排名順位如下：

第一名：港區　　第二名：千代田區　　第三名：澀谷區
第四名：中央區　　第五名：文京區　　第六名：新宿區
第七名：豐島區　　第八名：品川區　　第九名：目黑區
第十名：中野區

另一方面，在東京二十三區當中，房租最便宜的是足立區，與第一名的港區相差超過兩倍。

接著來看看東京都居民的年薪排行榜：

第一名：港區　第二名：千代田區　第三名：澀谷區
第四名：中央區　第五名：目黑區　第六名：文京區
第七名：世田谷區　第八名：新宿區　第九名：武藏野市
第十名：品川區

想當然耳，「房租」與「年薪」名列前茅的地區完全一致。

接下來，就拿上述排行榜與東京都學力偏差值的排行榜相比較。後者的參考資料是「Diamond Online」網站上的數據，其將東京都「兒童、學生學力提升調查」（二〇一八年）的結果整理成「學力偏差值」排行榜，其中提出的東京都小學五年級生「學力偏差值」排名如下：

第一名：文京區　第二名：武藏野市　第三名：千代田區

第四名：中央區　第五名：目黑區　第六名：世田谷區

第七名：港區　第八名：新宿區　第九名：杉並區

第十名：江東區

各位怎麼看這個排行榜呢？從中可以看出「房租高低」、「年薪」與「孩子的學力」的排名幾乎一致。「年薪」高的家庭通常選擇住在「房租高」的地帶，藉此提升「孩子的學力」，這就是讓富裕階級的孩子同樣邁向富足人生的設計圖，社經地位的格差也因此定型。

順帶一提，那些在「學力偏差值」名列前茅的行政區就讀公立小學的學生，平均偏差值都在七十左右，之後就讀私立與國立中學的比例約為四成，前面提過，最近有許多公立學校都轉型為提供優質教育的完全中學，所以這些小學生就讀完全中學的比例應該也很高。

在這類公立學校當中，六年級學生報考私立中學的比例超過九成，換句話說，全班同學幾乎都會去補習並報考私立中學，反觀那些不在排行榜上的東京周邊地帶，很多行政區內就讀私立或國立學校的學生比例只有一成左右，平均偏差值也只有五十，從這一點來看，**「教育」與「年薪」、「地價」的確息息相關**。

「有餘力提供幫助的人」與「需要幫助的人」

社會學中有個研究地區志工活動與社會活動的領域，其指出所謂的「理想社群」，在東京是以文京區和武藏野市為代表，這兩個地區都以富裕家庭及文風鼎盛聞名。

文京區在江戶時代是武家宅邸林立的地帶，這些宅邸舊地後來轉型為東京大學、筑波大學等教育機構或醫院，所以有不少大型補習班進駐。至於武藏野市則有東日本旅客鐵路與京王電鐵交集的吉祥寺站，不僅交通方便，還有井之頭恩賜公園這類廣大的都市綠地，一直以來都受到許多家長與單身人士的青睞，名列「最想居住的地區」排行榜前茅。

但是對我而言，這兩個地區儘管是理想社群，卻無法作為其他地區「在地社群」的參考範本，因為其居民都是相對健康、經濟條件優渥、「有餘力提供幫助的人」。

一般來說，**志工活動與在地活動必須同時具備「有餘力提供幫助的人」與「需要幫助的人」才得以成立**，當「有餘力提供幫助的人」多於「需要幫助的人」，將這樣的地區當成範本又有什麼作用呢？後者往往住在與前者絕緣的地帶，所以假使當地居民都是「需要幫助的人」，那麼前述兩個地區根本無法成為仿效的典範。

從事志工活動的人許多都是有錢有閒又有體力的貴婦，或是家境小康的學生、年金豐厚的高齡退休人士，就這一點來看，住在上述模範區域的通常也都是這類居民。反觀那些「需要幫助的人」很多的地區，學生族群本來就少，家庭主婦也往往不得不外出打工補貼家用，許多年長者必須繼續工作而無法安享晚年，所以別說「幫助」別人了，連他們自己都是「需要幫助」的人，地區內標榜互助的志工活動當然也就無法正常運作。

我曾讀過英國一篇有關「社群開發失敗」的論文，指出英國政府過去將倫敦郊區的貧民區指定為「社群活化地區」，希望透過舉辦各種活動與提供就業機會讓在地居民擺脫貧窮。只要被生活壓得喘不過氣的人們能接受教育、找到工作，整個地區一起擺脫貧困的話，就能重振在地社群。這個計畫實施後的確獲得了一定的成效，但之後又發生了什麼事呢？答案是擺脫貧窮、工作後經濟情況獲得改善的人——也就是成為「有餘力提供幫助的人」之後——便會陸續「離開」該區域，移居到其他地區，而那些「需要幫助的人」則永遠都無法成為「能夠提供幫助的人」——如此悲慘的現實就在社會上真實上演。人不是只要有錢就能過得幸福，還需要娛樂、文化、人際關係、教育這些層面的滿足，因此在擁有足夠的收入之後，就會想要邁向人生的下一個階段，離開土生土長的地方，搬到能滿足那些層面的地區。

強調自我責任的階級社會

一直以來日本社會都有著貧富差距，不管在江戶、明治、大正、昭和或平成時代，有錢人總是能為自己蓋大房子，也捨得為孩子的教育或娛樂花大錢，還會建立與自己同等級的人脈，藉此締造更大的成功。反觀那些住在集合式住宅的人，總是全家大小擠在狹小的房子裡，每天煩惱著下一餐的著落——不管哪個時代，都可以看到這樣的貧富差距。

那麼問題到底出在哪裡？答案就是**「貧富差距」變得長期化、僵化並浮上檯面**。有些家庭除了自住的房子，還擁有很多棟用於投資的高級華廈，藉由投資理財不斷累積財富，有些家庭的窮困卻像遺傳般代代相傳，而且這種社經地位的格差如今早已見怪不怪。

日本過去曾出現小學畢業的首相和成功的企業老闆，渴望飛黃騰達的年輕人只要拚了命地工作，也有機會參加「住宅大富翁」這個遊戲。

但現在的情況截然不同，要跳脫貧窮的輪迴並不是那麼容易的事，因為小時候的「教育格差」會造成日後的「所得格差」。

再者，這三十幾年來，日本成了提倡「自我責任」的國家。淪為流浪漢都是因為那些人不發憤圖強；非正職員工會被輕易開除或領不到獎金，是由於他們不曾為了當上正職員工而努力；閉門不出的繭居族都是自己沒用；單親媽媽之所以只能打工糊口，也是因為自己選擇了這樣的人生；領取生活津貼的都是一群好吃懶做、不想工作的人

——這一切都是他們個人的「選擇」，淪落到這樣的下場根本是活該，又有什麼好抱怨的？

然而，這些真的是靠「自己」努力就能解決的問題嗎？

比方說，年輕人離開窮山惡水的家鄉後，在工地包吃包住地工作，既回不了已經讓其他手足繼承的老家，也沒辦法買一間屬於自己的房子，就這樣老去，這當中難道真的沒有半點社會結構的問題嗎？非正職員工很難得到社會福利的保障，也不容易存到錢，一旦生病或受傷，工作與住處很可能就會不保，不小心淪落到無家可歸，還得被社會大眾指責為缺乏自覺、不夠努力。

又或者大學畢業時剛好遇到景氣下滑，身為社會新鮮人，只能先當派遣員工或約聘員工，但是日本大型企業要聘僱正職員工時向來統一招募應屆畢業生，幾乎不會考慮那些大學畢業好幾年又只有派遣經驗的人，於是這些人非但沒有機會獲得專業的職業訓練，更終其一生都處在工作不穩定的狀態下。這樣的時運不濟，真的可以說是他們不夠努力嗎？

日本的學校教育非常制式，所以很容易出現無法適應團體生活的小孩或霸凌的問題。早在很久之前就有人指出，因為心理因素而輟學的孩子會把自己關在家裡，從不肯上學變成再也不肯出門。儘管大眾知道這是不容小覷的社會問題，卻沒能確實擬定具體的解決方案，還將一切責任都推給當事人與他們的家人。在「排不到幼兒園，日本去死!!」成為流行金句的社會，一邊照顧幼兒一邊打工的單親媽媽因為新冠疫情被解僱，過著一天只能吃一餐的生活，難道也是因為當事人不夠努力所導致的嗎？

在哪裡出生？父母是什麼樣的教育程度？生在哪種時代？又是在怎樣的人際關係下成長？這些背景因素都會從還不懂事的時候就對我們的一言一行與人生選擇造成影響。如果有人只會拿「自我責任」一詞概括，那我只能說他們未免太缺乏想像力了。

前幾天，我看到有人在電視上說了下面這段話：

「我在大學拚命讀書、努力考取證照，才找到了現在這份好工作，靠的全是自己發憤圖強。路上那些流浪漢都很懶惰、不想工作，所以才會流浪街頭。說到底，就是這些人不夠努力罷了。」

驚訝之餘，我心想應該不是只有電視上這位男性會這麼想，想必有不少人打從心底相信這種說法。

不過，我們也可以從另一個角度想像看看。

「假設我是被流浪漢扶養長大，還能夠上名門補習班、就讀知名大學，且專心致志地念書嗎？」

電視上那位男性之所以能夠念大學並獲得成功，除了他本人很努力，背後還有願意為了孩子的教育花大錢的父母。這樣的父母不會說什麼「讀書沒有用，高中畢業就快去賺錢」，而是會鼓勵並守護孩子：「你的努力肯定會有回報，一定要考上你想讀的學校。」很多時候，成功的人生正是因為有幸出生在這樣的家庭——現在正是我們重新檢視蔓延日本的「自我責任」的時刻。

賴在家中的「單身寄生族」

在距今約二十五年前的一九九七年，我向社會大眾提出了「單身寄生族」這個概念，指的是成年之後不願工作、不願獨立，一直賴在父母家裡，食、衣、住全靠父母接濟的單身族。這與不管有沒有賺錢回家都寄生在老家的情況很類似，所以我才沿用這樣的觀點，將這些人稱為「單身寄生族」。

當年之所以會出現那麼多與父母同住的單身族，其實有很多原因。最大的理由就是許多年輕人都變成了非正職員工，根據日本總務省的「勞動力調查」指出，一九八四年全國的非正職員工約有百分之十五・三，但是到了二〇二〇年則上升至百分之三十八・三。

這也是「尼特族」、「打工族」、「派遣族」這些稱呼在日本社會紮根的時期。那是二〇〇〇年代，與泡沫經濟瓦解後的就職冰河期恰恰重疊。

泡沫經濟瓦解之後，日本的景氣自一九九三年開始下滑，大企業不約而同地減少聘僱新員工，大批無法當上正職員工的年輕人只好選擇非正職員工這條路。一九八六年實施的《勞工派遣事業法》在一九九六年將派遣業務的對象擴充至二十六種，到了一九九九年，基本上所有業務都可以只聘僱派遣員工，派遣業就此進入全盛時期，當時電視上幾乎沒有一天不播放人力派遣公司的廣告。

這些派遣員工不僅沒有獎金可以領、不會加薪，也沒有住宅津貼與交通津貼，更不知道一年後或三年後還會不會繼續被僱用。這種待遇在現在當然是一種社會問題，但當時卻有許多年輕人將打工或派遣工作視為「不被企業束縛、自由自在的生活」，對這種生活方式抱持肯定的態度。

然而，過著如此不穩定的生活，也就無法好好規劃未來的人生。在存不了錢的時薪制下，很難一個人在東京過上好日子，這樣的經濟因素導致「單身寄生族」愈來愈多。

此外父母對小孩的態度也隨著時代漸漸改變。比如現今孩子的數量就比昭和初期少得多，如果是二次世界大戰前每戶人家有四到六個小孩的情況下，就不可能讓每個小孩都賴在家裡，但要是家裡只有一、兩個孩子，那麼長大成人之後或許還可以繼續住在父母家。

經歷過經濟高度成長期的家長若是經濟能力許可，通常會讓孩子去補習或學習才藝，也會願意花錢讓孩子念書，細心栽培他們長大。這些家長說不定更希望孩子長大後不離家獨立，而是繼續賴在家裡，自己就還能像以前一樣照顧他們。

不過在這裡要強調一點，那就是「單身寄生族」要想持續寄生父母家，前述的「住宅大富翁」遊戲就必須正常運作。即便孩子是非正職員工，沒辦法參加「住宅大富翁」，父母那一輩也早已在這套遊戲中順利買了房子，就算多一個成人住在家裡，在經濟上和空間上也不成問題，所以長大成人的小孩才得以「賴在家裡」。

但近年來，這樣的情況也出現了明顯的變化。**那些在二〇〇〇年左右成年、剛出社會時是非正職員工而生活一直不穩定的世代，如今已經到了養兒育女的年紀**。日本的少子化現象之所以來得又快又猛，與非正職員工急速增加的社會現狀也有關係。那些存不了錢、害怕明年就失業的人怎麼敢奢望生小孩？此外，那些資深的「單身寄生族」如今還可能放棄父母的百般呵護去尋找另一半，並承擔獨立的風險嗎？答案應該不用我多說吧。

繭居族多達百萬的日本社會

二〇一九年，日本內閣府首次發表包含中高年齡層在內的「繭居族」調查報告，其中指出，現今的日本有多達百萬以上的繭居族。

內閣府在這份報告裡將「繭居族」定義為「幾乎足不出戶的人」，以及「會基於嗜好或為了去超商而出門，但其他時候不外出，也沒什麼社交活動的人」。仔細閱讀這份報告之後，還會發現一項驚人的事實，那就是在日本，十五～三十九歲的繭居族約有五十一萬人，四十～六十四歲則約有六十一萬人，兩者合計超過一百一十萬人，真是讓人怵目驚心的數字。

在年長者閉門不出的各種原因中，比例最高的是「退休」，佔了百分之三十六．二，其次是佔了百分之二十一．三的「疾病」因素。

值得注意的是，其中還有百分之二十一．三是基於「人際關係」、百分之十九．一是由於「無法融入職場生活」，百分之六．四是因為「找不到工作」。

尤其在四十～四十四歲這個年齡層當中，因為找不到工作而躲在家裡的人非常多，由此可知，**就職冰河期與繭居族不斷增加有絕對的關係**。

首次成為繭居族的年齡

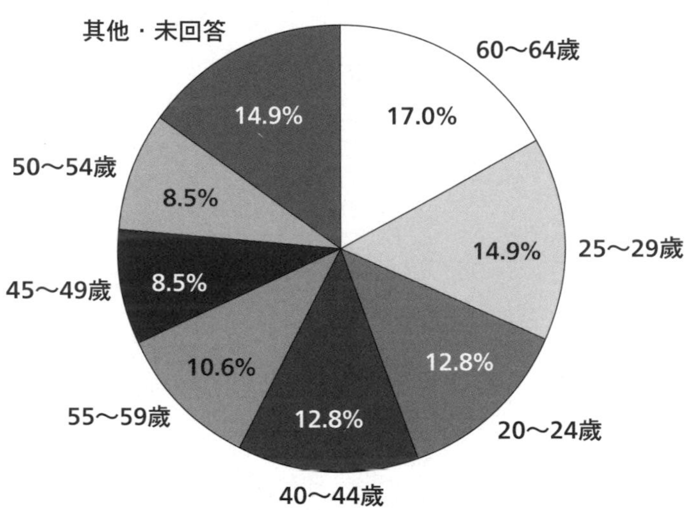

出處：日本內閣府「生活狀況相關調查（2018 年度）」

不過，這些人還有「可以躲的家」算是幸運的了，因為父母有房子，所以他們才有能「寄生」的環境。

但今後的情況也將有所改變。如果家境富裕，父母有一間繳完貸款的房子或有第二間房子，甚至其他用來投資的房產，這些家庭的小孩當然可以繼續寄生下去，但是，家庭環境沒這麼優渥的小孩又該怎麼辦？無法「寄生」就代表無法當「繭居族」，只能淪為流浪漢或請領生活津貼，由此可見，即使是「單身寄生族」或「繭居族」，也出現了富裕階級與貧困階級的格差。

根據二〇二〇年十二月份的「勞動力調查」指出，日本的完全失業者約有一百九十四萬人。自新冠疫情爆發之後，失業人口數已經連續十一個月攀升，與去年同月相較之下，居然增加了四十九萬人之多。此外，放棄找工作的「隱性失業者」推估也有五十萬人左右。

如果景氣因為新冠疫情不斷下滑，那些現在好不容易保住工作的人恐怕會有一定的比例淪為失業人士，其中想必不乏單身的非正職員工及單親媽媽／單親爸爸，甚至一肩扛起全家經濟重擔的父親或母親。

今後專為弱勢供餐的愛心廚房可能會出現全家人一起來領餐的情況，只要疫情持續下去，就會有愈來愈多人失去安穩的家庭或經濟能力。

原本緩緩擴大的「地域格差」，在這次新冠疫情之中瞬間形成鴻溝，如今也成為不容忽視的問題了。

從「點」到「面」的地方再生

到目前為止，本章介紹了「地域」和居民身上所出現的格差，看出每個人的成長環境或多或少決定了未來。前面也提到，在貧困家庭長大的孩子很難逃離負面的漩渦，但是這個社會卻將一切歸咎於「當事人自己的責任」。不管是哪個時代，人類社會都有所謂的貧富差距，本書想探討的則是**這種差距長期化、固定化、跨世代化、「階級社會化」的情況**。

新冠疫情究竟會助長這種傾向，還是會截斷這股負面的潮流呢？最後，不妨讓我們試著描繪光明的未來吧。

一如先前所述，當遠距工作模式愈來愈普及，人們就更有可能移居鄉下，每個人都很重視的教育環境也可能因為二十一世紀的資訊科技發達而衍生出更大的潛力。

先前《日本經濟新聞》報導了印度的大型線上教育企業「Byju's」陸續併購大型補習班的新聞，其中令人驚訝的是，印度從幼兒園大班到高中三年級的人口高達兩億六千萬人，光是這樣就已經是日本總人口數兩倍的廣大市場，而且都會與鄉下的格差也比日本的情況更加嚴重。富裕家庭的小孩會在都會接受高等教育、就讀名門大學，然後到外國留學或就業，但是在人口失衡的鄉下長大的小孩連受教育的機會都沒有，一輩子無法擺脫貧窮。

但反過來利用這種差距的 EdTech 企業，便能得到急速成長的機會。線上技術搭配優秀的講師群與科技產業特有的教材，都讓這些孩子得以從土地與「教育」的詛咒中解脫。如果日本今後也能在這個領域有所發展，或許就能找到消弭「地域格差」的方法。

此外在日本，也能找到投身地域社會的新方法。有些從東京移居外縣市的人會選擇成為當地的町會議員，致力與在地人一起振興地方社會。

振興地方社會的關鍵，在於讓移居不僅只停留在「點」，而是不管隻身一人或整個家庭來到這片土地，都可以在當地建立社群，也就是讓移居這件事從「點」發展為「面」。

現在的日本企業、地方政府與中央政府都為移居這件事備妥各種補助款，比方說，「在東京以外的地區創業，就可申請輔導金」等，這當然是一項不錯的制度，但移居並不是只要有人搬過去就算達到目的，而是要讓移居的人就此落地生根，並參與在地社會。

我記得日本內閣府在二〇〇五年成立了「生活達人委員會」，由前慶應義塾塾長清家篤先生擔任座長[17]，我也擔任了委員。這個委員會的主要任務是尋找、介紹生活方式異於常人的人，再頒給「生活達人證書」，沒想到因此造成廣大迴響，有些人甚至會在名片印上「內閣府公認『生活達人』」這樣的頭銜。換句話說，有別於「丈夫是上班族，妻子是家庭主婦，追求的是物質生活上的滿足」這種典型，其實許多人都期盼自己獨有的生活方式可以得到認同。

此外，有些書也會介紹在鄉下實踐獨特生活方式的人，記載他們的生活體驗，例如作家三浦展在《用一百萬日圓買間自己的家，一週工作三天》[18]（光文社新書）中介紹了離島生活、狩獵採集生活、共享住宅生活以及各式各樣的「生活」模式；藻谷浩介也於《里山資本主義——日本經濟是基於「安心的原理」運作》[19]（角川新書）中介紹了活化鄉下里山[20]的特殊例子。

今後能否讓那些只局限於「點」的案例發展成「面」呢？要想達

17 座長：類似會長的職務。

18 原文書名為《100 万円で家を買い、週 3 日働く》，光文社，2018 年。

19 原文書名為《里山資本主義 日本経済は「安心の原理」で動く》，KADOKAWA，2013 年。繁體中文版為《里山資本主義：不做資本主義的奴隸，做里山的主人》，天下雜誌股份有限公司，2016 年。

20 里山：指與人類生活圈息息相關的山林。

到這個目標，關鍵或許在於地方可否提供每個家庭都能在低風險的情況下移居的環境，並加以支援，不再讓「移居」成為只有少部分具有行動力的人才能做到的事。

地域格差的關鍵在於多元性

接著讓我們思考「移居」的一項重要條件。那就是所謂的「多元性」。前面我們已經針對「移居」的經濟面、交通面、教育面介紹了不少例子，而最後要介紹的，則是「人們的心理狀態」。

從鄉下移居到都會的人通常是為了從事鄉下沒有的職業，以及追求娛樂、刺激與各種學習管道，才會離開土生土長的故鄉。不過，期望跳脫鄉下單一價值觀的人應該也不少。

我的學生中有許多來自鄉下的女生，進一步聊天交談之後，往往可以一窺她們對故鄉的複雜心思。

「偶爾回去看看還可以，但我絕對不要住在那裡。」

我偶爾會聽到這樣的意見。簡單來說，她們厭惡的是家庭、企業、地域社會中根深柢固的傳統家長制價值觀，所以才逃到都會來。

女性要以男性為尊；女性出嫁之後要好好服侍丈夫與公婆；女性別想著要工作，最好早點結婚生小孩，讓公婆抱孫子，這種生活方式真的很丟臉。即使在公司，女性也要負責倒茶；參加鄰里聚會時，女性永遠只能在廚房忙東忙西，男性則負責吃吃喝喝……只要回到故鄉，就得接受這種延續至今的陋習，所以我絕對不要這樣，無論如何都要在東京找到工作，與能夠住在東京的人結婚——我已經聽過很多學生這麼說，日本官方主導的男女共同參劃會議就像印證這種說法一般出現了相同的討論，年輕世代中尤其有許多年輕女性從鄉下來到都市之後就不再回去，導致鄉下的男女比例失衡，人口減少的速度也變得更快。

安倍政府過去曾提出「打造所有女性都能發光發熱的社會」這種口號，至於實現了多少，只要看看世界經濟論壇每年發表的「性別差距指數」就可以略窺一二。二〇二〇年，日本在全球一百三十五個國家之中排行第一百二十一名，是有史以來最差的名次。換句話說，距離理想實現還有好長一段路要走，但至少東京表面上還會標榜「男女平等」的精神。

把東京以外的縣市都當成一樣的地方，當然是很不講道理的事情，畢竟每塊土地都有其家庭與企業所形成的風土。

不過，如果有在地社群想要解決人口失衡的問題，就不能忽略所謂的「多元性」，因為如今的移居者往往不再是過往那種一對夫妻與兩名子女的「典型家庭」。

包括退休的高齡家庭、年輕夫妻、有幼兒的家庭、小孩正值青春期的家庭、單身者、外國人、同性伴侶、收養家庭、貧困家庭等，說不定會有各式各樣的人移居。

接下來必須打造的是誰都不會受到委屈、不會被約束，能夠互相尊重、長期一起生活下去的社群。移居的這塊土地當然也有其特殊的文化與傳統，雖然用不著捨棄，但保持彈性、融入新的價值觀也非常重要。

其實不管在哪裡，我們都應該要打造出這樣的社群。畢竟今後的少子高齡化問題只會愈來愈嚴重，出生人數可能因為新冠疫情而比預期的減少得更快，表示日本這個國家也將產生不可逆的變化。

而未來想必仍會有不少外國人來到日本，往往不只是有錢的觀光客，也可能是來學習技術的交換學生，或打工人士和留學生，我們不該將他們視為異己，而是要納入自己的社群，一起生活下去。

如果失業人口激增的日本還不斷高舉「自我責任」這種論調，實在稱不上是上上之策。「能提供幫助的人」可否在物質面與精神面幫助「需要幫助的人」呢？雖然「官方的援助」不可或缺，但還是希望互助的精神可以再次發揚光大。

能在新冠疫情爆發之後移居鄉下的，多半是能「轉型為遠距工作模式」的人，也就是所謂的「富裕階級」，然而，打造一個其他人也能自由選擇居住地的環境才是最理想的。

一直以來，日本人都為了讓明天更好而拚命工作，但如今已不再是「一億總中流的社會」，很多人卻還是無法想像「日本有多麼貧困」，不過，他們或許已經多少察覺日本的貧困，只是內心還不願意承認吧。

「貧困」一詞的確會讓人聯想到「悲慘」，但或許也可以解釋為「不勉強自己」或「不愛慕虛榮」之類的意思。我由衷盼望始於共存的「地域社會」——擁有各種價值觀的人住在同一片土地，以「共榮共存」的精神彼此幫助——有朝一日能夠實現。

第五章

消費格差

反映時代的鏡子

消費改變了富足的定義

在新冠疫情爆發之前就已經存在的「消費格差」，簡單來說，就是「消費品質的改變」。因新冠疫情爆發而浮上檯面的格差共有五種，而本章要將焦點放在其中消費格差的變遷。

首先讓我們回顧一下日本民眾隨著時代變化的消費傾向。

從二次世界大戰後的昭和時期到平成初期的一九九五年之間，是所謂「家庭消費」的時代。

在這段期間，家庭的規模從大家庭慢慢縮小為夫妻與未成年子女同住的核心家庭，而這類家庭除了擁有自己的房子，還會購買當下最流行的家電，也能讓孩子在良好的教育下長大成人，當時的消費模式大致如此。大部分的家庭會讓孩子在義務教育結束之後繼續升學，一九七〇年男女合計的大學升學率為百分十七・一（當時十八歲人口約二百九十萬人），到了一九九五年之後，則上升至百分之三十二・一（當時十八歲人口約為一百八十萬人）。

而一九九〇年代後半至今，消費品質則產生了明顯的變化，也就是從家庭消費轉型為個人消費，例如轉變成為了讓別人稱許而花錢的「提升自尊的消費」，或是為了獲得認可而花錢的「彰顯個人特色的消費」，而這也是平成時代的特徵之一。

但為什麼會出現這種變化呢？

答案就是時代變得「富足」了。若從結論說起，日本社會算是十分富足的社會，所以消費的單位也不得不從「家庭」轉型為「個人」。

下面就讓我們一起具體回顧所謂的「家庭消費」吧。

進入現代社會之後，每個人都在追求更富足的生活。

但社會還有不容忽視的另一面，那就是**達成目標、生活愈是富**

足，就愈容易不斷對豐富的物質生活提出疑問。

現代人非常強調「精神的富足比物質的富足來得重要」，據說一旦社會的發展停滯不前，「心靈重於物質」的說法就會成為主流，而從歷史上來看，也的確如此。

比方說，昭和時期最大的浪潮就是一九六〇年代末至一九七〇年代的嬉皮運動，以及大眾對於原始社會的關注。當時中國正值文化大革命的時代（一九六六～一九七六年），在日本，大宅壯一與其他社會評論家因為個人的評論而與官方對立，各個年齡層的日本人也開始關心外國的情勢，像我還在念大學的時候就有位朋友去了印度旅行，從此決定留在當地，再也不回日本。當社會變得富足，人們就會開始對這樣的富足提出疑問，這和只要活著就會想追求「個人的幸福感」有關，也就是基於對「幸福的嚮往」。

積極型幸福與消極型幸福

接著讓我們試著思考「幸福」是什麼。

波蘭社會學家齊格蒙・鮑曼於二〇〇八年所著的《幸福論——「艱困」時代的社會學》[21]（作品社）之中提到「人均GDP與國民的平均幸福度在超越一定的水準之後，就會彼此脫勾」（高橋良輔、開內文乃譯）。這句話除了字面上的意思之外，還暗示著人均GDP未達一定水準時，國民就會感到不幸。

在評估家戶收入與幸福度關聯的各種調查之中，都發現年收入與幸福度呈正比，不過大部分的結論都是當年收入超過一千萬日圓之後**就不再呈正比**。在《讀賣新聞》過去所做的幸福度調查中，家戶收入愈接近一千萬日圓的愈覺得「對家庭感到滿足」，但是當家戶收入超過一千萬日圓，滿足度反而下滑。其中雖然不乏年收入愈高愈覺得幸

21 原文書名為 *The Art of Life*，Polity Press，2008 年。

福的人，但超過一定的水準之後，年收入與滿足度的關聯性將跟著消失——這類調查通常會得到這樣的結論。

這表示現代所謂的幸福可說擁有兩種型態。

一種是主動型幸福，也就是積極感受各種事物的幸福。

另一種則是以痛苦、不幸、不悅為前提的幸福，亦即遭遇不幸時，反而重新感受到「沒有任何痛苦與不幸的狀態很幸福」，可說是一種自暴自棄與消極的幸福感。日本內閣府曾在二〇一一年三一一大地震之後進行相關調查，其中發現愈是覺得「震災後與家人之間的羈絆變得更緊密」的人，愈覺得自己幸福，這也可以解釋成遠離不幸的平等幸福。

若只以後者那種消極的幸福感衡量，大多數的日本人應該都是幸福的——然而事實並非如此。在聯合國世界幸福度排行榜中，日本只排行第六十二名（二〇二〇年），而且在新冠疫情爆發之前，日本的自殺人口也在先進國家中位居前列。「日本社會之所以讓人覺得不幸福」，在於我們的人生必須被別人肯定才會覺得自己幸福，換句話說，前者的**「積極型幸福」是一種必要的幸福感**。

為了得到認同的消費童話

現代社會是必須努力才能得到認同與肯定的社會，但在形成這種社會之前，其實人們只要在宗教或在地社群扮演好自己的角色，就能得到其他人的認同與肯定。然而在邁向現代社會之後，就得自己爭取別人的認同與肯定，簡單來說，必須自行創造在他人心中不可或缺的價值，這也是資本主義社會的特徵。

前述的波蘭社會學家鮑曼也曾在著作中提到「在消費社會中，購買象徵著幸福的商品與服務，是現代社會最基本的幸福」，那些鼓吹

「買了就能得到幸福」的促銷方式，其實也搭上了這套幸福公式的順風車。**我們可說終其一生都在追求「買了就會變幸福」的消費童話。**

這種消費童話還分成不同的階段。比方在昭和時代，大部分的人都相信「建立富足的家庭生活就能變幸福」的童話故事，換句話說，擁有富足的生活就能得到別人的認同，所以擁有各種充實家庭生活的產品或服務就能得到幸福，這也是現代社會的成長期中在各國普及的故事情節。不僅是日本，歐美國家與東南亞各國也在不同的時期以「打造富足的家庭生活」為目標，不斷地擴大消費。

這種童話故事的優點在於能同時得到別人的認同與羨慕。也就是說，當家庭的規模縮小成四口之家，彼此覺得必要與重要的存在就近在身邊，這是透過追求富足的家庭生活來確認彼此是否幸福的簡易系統，典型的「中產家庭的幸福」正是來自這套系統，而讓這樣的系統得以正常運作的，就是所謂的家庭消費。

家庭消費的系統

家庭消費的特徵有兩種，第一種是所有人都可以共享前述的消費童話，每個人都想追求同一種東西。

第二種特徵則是同質性的消費。

「每個家庭都要買一台電視。」

「每個家庭都要一個月外食一次。」

「每個家庭都要在放暑假的時候去旅行。」

這就是整個家庭一起消費的消費型態，整個社會共享這套購買產品或服務「就會」或「就能」變得幸福的系統。

這種童話故事可以維持很長一段時間，若是以結婚、生小孩、養兒育女、孩子就學、就職的過程來看，甚至能維持二十年以上。在經濟高度成長期，除了「這樣的生活能創造幸福家庭」的童話故事，還有許多新商品陸續問世，其中最大型的莫過於「房子」，而且只要有新商品問世，電視廣告就會不斷渲染「買了這項新商品，家庭就會變幸福」的印象。

比方說，日本人原本沒有在家喝咖啡的習慣，但是一九六〇年代，雀巢企業所屬的雀巢咖啡推出了「在一家團聚時來杯咖啡」的廣告，讓許多人覺得「幸福的家庭似乎都會喝咖啡」，所以即溶咖啡也就此成為日本人家家戶戶必備的日常用品。

類似的例子還有遊樂園。曾有人透過社會學分析谷津遊樂園（位於千葉縣的遊樂園，目前已經停業），發現在經濟高度成長期，日本全國各地出現了一堆小型的遊樂園。遊樂園裡有摩天輪、小型雲霄飛車以及餐廳，換句話說，去遊樂園就代表攜家帶眷、與孩子一起玩樂的消費行為。雖然現在有不少遊樂園陸續停業，但在過去，一年去個幾次遊樂園就是一種幸福的象徵，這樣的家庭消費模式確實存在過。

汽車則是另一個相似的例子。大部分的家庭都會從小車慢慢地換成大車，這麼一來，就能提升整個家庭在別人眼中的地位，也能因此得到滿足。學歷也是一樣，父母要是能讓小孩擁有比自己更高的學歷，就能得到別人的讚許與認同，所以他們才會傾盡全力為孩子的教育砸下重金，讓孩子拿到大學文憑。

此外，**這種幸福公式之所以能在社會上運作，在於當時大部分的人結了婚就不太會離婚**。不可否認的是，要掌握幸福，身為父親的丈夫就必須擁有穩定的收入，也要有機會升遷。長年以來，我不斷針對一般家庭進行採訪調查，過程中常從中高齡女性口中聽到「雖然結婚成為家庭主婦的時候，只能住在公司提供的宿舍，而且什麼都沒有，但隨著老公加薪，家電也一個個增加，每次買家電的時候都覺得自己很幸福」，換句話說，家庭消費這套系統能夠持續運作，在於每個人都期待並感受到自己能夠陸續購買那些象徵幸福的商品。

個人消費興起

不過，從一九八〇年代後半開始，「富足的家庭生活」這則童話故事也開始動搖。抵達故事終點的人們——已經買齊各項商品、讓家庭生活更加富足的人——愈來愈多，他們多半是生活富足的高齡者，或是完成養兒育女任務的雙薪家庭，但另一方面也出現了無法買齊上述商品的人，那就是無法建立家庭的單身者，或是拋棄家庭的人。然而，位於天秤兩端格差懸殊的這兩群人，其實採取了相同的行動。

那就是「個人消費」這項行動。換句話說，**不再是「為了家庭」購物，而是「為了個人」購物的時代開始了。**

其中家庭消費這個層面當然還是存在，但是個人消費的層面變得更具體可見，消費型態變得更加多元。得到認同與肯定的單位從家庭分化為個人，因此幸福感也就比較快消逝，這是個人消費層面的特徵之一。

最早於個人消費層面出現的消費型態就是「名牌消費」。名牌的定義是「擁有了就會讓人羨慕」的商品。在一九八〇年代，的確有女性會說「我總算買了第一個GUCCI包包，我要抱著它睡覺」，許多年輕人也在買了名牌之後才感到「我總算成為真正的大人，也總算是個中產階級了」。

以男性而言，會覺得買了手錶或車子才算是獨當一面的大人。「住在兩坪多的小公寓，開的是BMW」的年輕人成為那個時代的象徵，也登上了報紙版面。當時的男性普遍認為「沒車的話，怎麼敢約女生出來」，而女性也「不跟沒車的男性約會」，所以男方不惜借錢也要買車，以免被女方看不起。

要是那時的廣告繼續宣傳「擁有名牌是何等幸福，社會地位又是何等崇高」這種童話故事就好了，但這樣的名牌消費終究還是走到了盡頭。不管是車子還是名牌包，那些囿於名牌的人一旦明白自己沒辦法一直買新商品，也就不再購買了。簡單來說，他們總有一天無法再繼續購買名牌，又或是買到最後終究會覺得厭煩。當時有不少年輕男女會暗自心想「結婚之後就不要再買名牌」，隨著他們成為中年人或老年人，對名牌消費也失去了興趣。而後便進入了平成年代。

超越家庭與個人的極限之後

我個人認為，平成年代是「對消費感到不安的時代」。

老實說，當時的年輕族群不知道自己能不能順利結婚並建立家庭，為此惶惶不安，中年人與富裕階級也擔心無法維持當下的生活，害怕童話般的家庭生活走到盡頭。當人們擔心自己無法建立家庭或維持家庭，就無力購買新的名牌，家庭消費與個人消費也就因此達到極限。

想必大家都知道，個中原因就是由於收入變得不穩定。在收入愈來愈少的社會，是無法一直透過消費得到幸福的。為了避免陷入貧困，人們只能以消極型幸福為優先，不敢主動追求積極型幸福。

此外無法從家庭生活獲得幸福感的人也變多了。平成年代的社會特徵除了單身族群暴增之外，還有未婚率與離婚率不斷上升，這些特徵也暗示著愈來愈多人無法透過自我認同與自尊得到幸福。

對高齡者來說，平成時代是第二人生的起點。健康又多金的年長者不再需要養兒育女，另一半也可能已經離世，所以會想在家庭之外的社群尋求認同與提升自尊。簡單來說，昭和時代那種男女雙方都還在工作的家庭到了平成時代之後不增反減。

家庭消費不斷減少之餘，以名牌消費為代表的個人消費也到了盡頭，此時出現的，則是「個人特色消費」這種新的消費概念。人們不想再迂迴地透過家庭消費或名牌消費博取認同，而是想要透過「個人特色消費」**直接「得到他人的認同與肯定」，試著掌握新幸福**。

幸福源自人生受到肯定的瞬間。就家庭消費而言，購買讓家庭生活變得更富足的商品就是一種幸福，而就名牌消費來說，能得到更高的社經地位就是一種幸福，然而「個人特色消費」這種新幸福，則是直接花錢購買能夠肯定自我人生的物品，自行打造一個被需要、重視與羨慕的自己。簡單來說，就是從人際關係中尋求幸福，或是從培養美感的過程中得到幸福，抑或在帶給別人幸福的同時感受到幸福。約莫在二〇〇〇年～二〇一〇年的時候，愈來愈多人認為把錢花在上述這些事情可以得到幸福，因而追求這種嶄新的消費型態，當網路社群蓬勃發展，這種傾向也就愈來愈明顯。

對個人特色消費的另一層期待

然而，新冠疫情卻急速侵蝕了這種個人特色消費。這場疫情對不同的年齡層、性別與家庭型態都造成了不同的消費格差，並且一口氣拉開了距離。

以高齡人士為例，對於靠著年金就能舒服過日子的人來說，收入不會因為疫情而減少，說不定還能因此領到更多補助，或是因為「Go To Travel」[22]政策而有更多的休閒活動，然而，那些年金太少、必須打零工才能過活的高齡弱勢族群，卻可能因為新冠疫情而難以維持應有的生活。只要疫情不徹底結束，這個問題就無法解決，消費格差也將愈拉愈大。

容我重申一次，這場疫情還讓原本處於弱勢的女性更加弱勢。在日本，女性的非正職僱用率本來就比男性高得多（女性為百分之

22 Go To Travel：指日本政府於2020年針對一般民眾推出的國內旅遊補助方案，用意在振興受疫情影響而低迷的日本旅遊業。

五十六·四，男性為百分之二十二·三／二〇二〇年日本總務省調查），尤其以門市銷售或餐飲業這類行業的非正職女性員工為多。大家都知道，這些是因為緊急事態宣言導致民眾減少外出而損失慘重的行業，在「紅燈區」陪酒的女性更是因此遭受嚴重的打擊。

日本全國約有五萬五千間酒店與小酒館，特種營業的店家（根據風俗營業規範與業務規制相關法律申請的店家）則超過一萬間。一般來說，每間酒店約有二十位陪酒小姐，特種營業的店家則約有三十位，所以全日本至少有一百四十萬名女性從事這類行業，如果再加上在沒有營業登記的酒店或是在女僕咖啡廳工作的女性，那麼可以推測人數不下一百六十萬。這類行業本來就很容易發生群聚感染的問題，不少店家因此被迫暫時停業，客人也因為害怕被感染而不敢上門消費。此外，其通常都是採抽成制，沒有底薪，所以新冠疫情直接導致這些女性的收入減少，使她們的生活陷入困境或無法繼續上學，這與美國所謂「被遺忘的階級」可說如出一轍。

接著，讓我們來思考消費的「質」。

新冠疫情爆發之後，超市與藥局的生活必需品當然因此熱賣，而除了最低限度的消費外，愈來愈多人想要購買高單價的音響產品，或是隨著新生活型態落實，對於露營車的需求愈來愈高，這一切可說是「家庭消費捲土重來」的現象。

此外，在網路發達的現代，個人特色消費的模式也產生了變化，許多人都會在購物之後將商品上傳至社群網站，藉此得到別人的認同，而新冠疫情則讓這股趨勢愈演愈烈。

有些人很擅長透過社群網站博得認同，有些人卻不懂得透過社群網站滿足被認同的需求，因此兩者在這方面的格差也因為疫情而愈拉愈開。

如何在少子化問題愈見嚴重的現今讓重振的家庭消費模式繼續維持下去，是後疫情時代的社會課題。要維持家庭消費模式，需要的不

2020 年的消費模式有何改變？

類別	項目	%
支出增加的部分	口罩等衛生用品	79.3
	遊戲軟體	47.7
	自家用的沙瓦或雞尾酒	33.3
	電腦	30.7
	電視	27.0
	冷凍食品	15.9
	生鮮肉品	10.3
支出減少的部分	旅遊套裝行程	-70.4
	電影、舞台劇等門票	-63.2
	鐵路交通	-60.9
	外食的酒水	-53.9
	西裝	-40.8
	口紅	-36.2
	粉餅	-24.7

2人以上家庭的實質消費支出之前年比增減率%，
根據日本總務省的家計調查製作

出處：《朝日新聞》早報，2021 年 2 月 6 日是「物欲的滿足或精神上的滿足」以及「家庭需求或個人需求」這類一分為二的思考模式，而是「真正需要的是什麼？」這種源自個性的「個人特色消費」。若從所謂的「個性」來看，每個家庭、每個人都有自己的個性，所以能更積極地追求多元的消費模式。此時需要的是讓更多人正確使用社群媒體的環境，這種追求富足的正面思考，正是在後疫情時代的社會生存所需的特質。

結語——令和格差的趨勢

如今的日本是否還能以年號來劃分時代呢？在年號從平成改成令和之後，新冠疫情也跟著爆發。日本的疫情雖然是從令和二年開始變嚴重，但就如「The Coronavirus Disease 2019（COVID-19）Pandemic」這個英文名稱所示，在全球的歷史之中，這場疫情被視為自令和元年（二〇一九年）開始，因此日本後疫情社會的發展，也將成為「令和時代」的特徵。

一直以來，我都在研究家庭與格差社會的問題。

二次世界大戰之後的昭和時代，是每個人都想擁有富足的家庭生活、對經濟成長充滿期待的時代。若從格差的角度來看，在這個生活逐漸變得富足的過程中，幾乎每個日本人都認為自己是中產階級。

到了泡沫經濟全盛時期的平成元年（一九八九年），沒多久便立刻遇到泡沫經濟瓦解（一九九三年）的災難，於是平成時期成為少子化愈演愈烈、未婚人口不斷增加的時代，換句話說，便是難以結婚打造富足家庭生活的時代，所以不想結婚的人才會愈來愈多。當整個世界進入全球化與資訊化的時代，亞洲金融風暴（一九九七年）、雷曼兄弟事件（二〇〇八年）接連爆發，導致日本的經濟停止成長，各領域的格差也愈拉愈開，所以我才將這樣的社會命名為「格差社會」。

在這一連串的問題與事件之中，新冠疫情於平成年代進入令和年代之際爆發了。

本書在〈前言〉曾提到，因為新冠疫情而浮上檯面的問題包含：

一、看似被掩蓋、實則人們不願正視的「格差」。

二、日本國民普遍產生的「再也無法回到過往社會」的預感。

一如本書所述，平成時代渴望戰後型家庭（男主外、女主內，打造富足家庭的型態），卻由於未婚人口增加與少子化現象導致無法建立家庭的人愈來愈多。此外，害怕破壞現有生活而在夫妻之間出現的愛情格差也漸漸形成。而教育層面同樣產生了格差，當整個社會邁向全球化與資訊化，人們就必須具備更多的新技能，但義務教育無法滿足這一點，因此孩子的教育程度也會因父母的財力與受教程度產生差距。

在工作上，正職與非正職之間的格差愈拉愈開，「能適應新型數位經濟的工作與無法適應的工作」之間，出現了明顯的差距。在地域社會方面，都會與鄉下之間的格差不斷擴大之餘，富裕階級與貧困階級居住的地區也變得涇渭分明，地域社會逐漸式微。當社群網站普及之後，懂得利用社群網站尋求認同的人與不具備這類技能的人之間也出現了一定的格差。

早在新冠疫情爆發之前的平成時代，這些格差就愈拉愈開，但這場疫情助長了一切，讓這些格差變得更具體可見。

假設平成時代是「雖然格差愈拉愈開，但還不算明顯」的時代，那麼令和時代就是「不得不承認格差存在，而且所有人得一起為此打造新型態社會」的時代。

之所以強調「所有人一起」，是因為就算每個人「自立自強」，也無法弭平上述的格差。在平成時代各種格差愈見明顯之際，「自我責任」卻被過度強調，所以許多格差也被視而不見。我認為，這場新冠疫情正讓所有人明白「自我責任」的極限。

在家庭方面，要捨棄「戰後型家庭」並認同、支援各種家庭形式，打造讓更多伴侶能基於愛情結合的環境。在教育方面，要透過義務教育讓每個人都擁有新時代所需的各種能力（數位能力、溝通能力、英語能力）。

在工作方面，則要試著弭平第一線的各種格差。打造一個便於各式各樣的人居住與建立人際關係的地域社會，並透過不同的方式滿足每個人被認同的渴望。我們必須致力解決這些課題，若能如此，令和時代將會充滿希望，不管世界如何改變，我們永遠可以創造屬於自己的時代。

本書在執筆之際得到許多人的幫助，在此特別感謝一直鼓勵我的朝日新聞出版的大場葉子小姐，以及從旁協助的大越裕先生與三浦愛美小姐。

山田昌弘

格差浪潮

從家庭、教育、工作、地域到消費的後疫情社會學讀本

新型格差社会

作　　者 —— 山田昌弘
譯　　者 —— 許郁文
責任編輯 —— 林蔚儒
美術設計 —— 吳郁嫻

社　　長 —— 郭重興
發 行 人 —— 曾大福
出　　版 —— 這邊出版／遠足文化事業股份有限公司
發　　行 —— 遠足文化事業股份有限公司
地　　址 —— 231 新北市新店區民權路 108-2 號 9 樓
電　　話 —— (02) 2218-1417
傳　　真 —— (02) 2218-8057
郵撥帳號 —— 19504465
客服專線 —— 0800-221-029
客服信箱 —— service@bookrep.com.tw
網　　址 —— https://www.bookrep.com.tw
臉書專頁 —— https://www.facebook.com/zhebianbooks
法律顧問 —— 華洋法律事務所　蘇文生律師
印　　製 —— 呈靖彩藝有限公司
定　　價 —— 新台幣 320 元
I S B N —— 9786269671533（平裝）
9786269671557（PDF）
9786269671540（EPUB）

初版一刷　2023 年 3 月
Printed in Taiwan

國家圖書館出版品預行編目資料

格差浪潮：從家庭、教育、工作、地域到消費的後疫情社會學讀本 / 山田昌弘作；許郁文譯．
-- 初版．-- 新北市：這邊出版：遠足文化事業股份有限公司發行，2023.03
面；14.8 × 21 公分
譯自：新型格差社会
ISBN 9786269671533(平裝)

1.CST: 階級社會 2.CST: 社會問題
3.CST: 日本

546.1　　112002522